弗里德曼评传

吴惠林 著

海南出版社

·海口·

弗里德曼评传
吴惠林著
本书为五南图书出版股份有限公司授权海南出版社在中国大陆出版发行简体字版本。

版权合同登记号：图字：30-2019-020号
图书在版编目（CIP）数据

弗里德曼评传 / 吴惠林著 . -- 海口 : 海南出版社 , 2020.4
ISBN 978-7-5443-9178-8

Ⅰ . ①弗… Ⅱ . ①吴… Ⅲ . ①弗里德曼 (Friedman, Milton 1912-2006) - 评传 Ⅳ . ① K837.125.31

中国版本图书馆 CIP 数据核字 (2020) 第 011431 号

弗里德曼评传
FULIDEMAN PINGZHUAN

作　　者：吴惠林
监　　制：冉子健
责任编辑：张　雪
策划编辑：谌紫灵
执行编辑：王桢吉
责任印制：杨　程
印刷装订：河北盛世彩捷印刷有限公司
读者服务：武　铠
出版发行：海南出版社
总社地址：海口市金盘开发区建设三横路 2 号 邮编：570216
北京地址：北京市朝阳区黄厂路 3 号院 7 号楼 102 室
电　　话：0898-66830929　010-87336670
电子邮箱：hnbook@263.net
经　　销：全国新华书店经销
出版日期：2020 年 4 月第 1 版　2020 年 4 月第 1 次印刷
开　　本：880mm × 1230mm　1/32
印　　张：7.5
字　　数：144 千
书　　号：ISBN 978-7-5443-9178-8
定　　价：45.00 元

目录

第二章　弗里德曼的公职工作和教书生涯 _023

弗里德曼感慨地说，年轻研究生及助理的冲劲、能力，与许多资深教授的沉闷、缺乏做学问的兴趣，形成强烈的对比。后来，弗里德曼观察自己研究所学生的状况，对于许多人在学生时代及成为终身教授后的判若两人大为惊慌，于是他经常猜想，究竟在他们的学生时代，自己和其他教授们哪里教错了，或是日后他们任教时有什么遭遇，竟使许多前程似锦的学生、知识分子变成第二等、迂腐、毫无创新精神的教书匠！

第三章　弗里德曼的学术贡献及其自由经济理念的传播 _087

美国人正在觉醒，也再度认清“受到过度管理的社会很危险”，也了解“好目标会被坏手段搞砸”，而“依赖人的自由，根据他们本身的价值去控制自己的生活，是充分实现伟大社会的完整潜力，是最可靠的做法”。所以，弗里德曼以“也幸好，生而为人，我们仍然能够自由地选择应该走哪条路——是否继续走政府越来越大的路，还是喊停和改变方向”作为全书结语。

第四章　芝加哥学派 _131

> 任何想要了解世界、想要使用经济理论来分析世界行为方式的人，都迟早会认清政府干预市场的缺失；甚至好意的干预者也会发现，他们的美梦终将成空，即最后的结局与他们所想要得到的不同。

第五章　诺贝尔奖、智利经济改革与中国行 _161

> 一位记者伸出麦克风，将它紧挨着弗里德曼的脸，说道：“你对获奖有什么感想？”弗里德曼说：“什么奖？”记者说：“诺贝尔奖。”弗里德曼很自然地表达获悉得奖消息的喜悦。记者又问“你认为这是你学术生涯的巅峰吗”之类的话，弗里德曼说不是。弗里德曼又说，他的经济学家同行对他未来50年工作的评价，会比7位瑞典人目前怎么看他的工作成绩，更让他感兴趣。

第六章　弗里德曼现象 _193

> 他不是中国人，没有欠中国什么；他早已名扬四海，对声名厌恶，不可能跨越千山万水到中国来求名；他的时间一刻千金，曾出版过美国全年最畅销的非小说图书，所以也不可能到中国来求利。那是为什么？答案只有一个：他对中国有点真诚的关心。

第七章　20 世纪唯一的经济学家——永远的弗里德曼 _215

> 经济学是一门迷人的学问。而最令人着迷的是，它的基本原理如此简单，只要一张纸就可以写完，而且任何人都可以了解，然而真正了解的人又何其稀少。

自序

弗里德曼还魂吧

2016年开年，全球经济凄凉依旧，股市、汇市动荡不已。中国在2015年已连续6次调降利率；日本央行更是在1月底祭出负利率政策，让原本动荡的金融市场更是天摇地动，而已失落20多年的日本经济只是抽动一下，又继续沉睡，但全球却已受到影响。

眼看负利率就要全球化，没有明天的日子逐渐逼近，我不禁怀念起米尔顿·弗里德曼（Milton Friedman），更希望他能还魂，运用他的口才、文才向全球各国领导人示警，劝说他们赶紧悬崖勒马、急踩刹车，以免人类掉入灭绝黑洞。当今各国领袖的“管理经济”，不只是像弗里德曼在世时所说的“像酗酒”而已，已经升级为“吸毒”并走上“通往地狱之路”了！

不过，一提到弗里德曼，人们的一般印象也许只是1976年诺贝尔经济学奖得主、自由经济死硬派学者、“天下没有白吃的午餐”流行语的传播者以及芝加哥学派的主要领导人。对于我来说，除了这种一般印象外，至少还有下面几起鲜明事件立即映在我的脑际。

其一，在全球经济学界有一张非常出名的“背影”双人照，它是在古色古香的美国芝加哥大学的校园里拍的，照片中的两位主角应该是全球经济学界最高和最矮的两个有极端身高差的人。这两位都是世界顶尖的诺贝尔经济学奖得主，高的是斯蒂格勒（G. Stigler，1982 年获奖，1991 年去世），矮的当然是弗里德曼了。这张照片有这样的解读——两位大师边走边谈，高者看地上，矮者向前直视，盯着地上看的人突然说：“地上有 100 美元。”平视者回答说：“不可能！在人来人往的路上，怎么可能有掉落的钱？若有，也早被人家捡走了。”这个故事当然是穿凿附会的，是有心人讽刺经济学“重视假设”“不实际”“不食人间烟火”等的说法。不过，这也正好烘托出这张照片的知名度。这张照片可在远流出版公司 1994 年出版的《史书蒂格勒自传》中找到，而且还附有斯蒂格勒幽默的批注。

其二，每年在瑞典斯德哥尔摩举行的颁奖的大典，几乎都平静无波（虽然由保罗 · 纽曼主演的电影《奖》描述了一段有关诺贝尔奖的阴谋故事，但那应是杜撰的），唯有 1976 年例外，主角就是弗里德曼。该年，当获奖名单揭晓时，反对和抗议弗里德曼获奖的声音就不断出现。以斯德哥尔摩大学经济学系和瑞典商业学院的教师及研究员的抗议信为例，内容是：“尽管弗里德曼在经济学理论方面有一些成就，但他完全不理会他所推崇的经济政策带来的后果……他和他的芝加哥学派做了巴西和阿根廷的军事独裁者的顾问，也替智利军人政权拟出一条经济政治路线……这一切不但指出了皇家科学院的政治幼稚病，也完全抹杀了弗里德曼的获奖资格……”除了有这种书信表示抗议外，颁奖那天，场内有1人示威，而场外更有5 000人示威，创下截至该年共75年诺贝尔奖颁奖典礼遭到破坏的先例，且因示威者挡道，典礼后的国王传统晚宴也首度延迟开席。为何弗里德曼敢于干犯众怒，冒着“为虎作伥”的罪名持续帮军事独裁者拟定经济改革政策，相信读者渴望得知答案。有趣的是，1999年的奥斯卡颁奖典礼由于将终身成就奖颁给伊利亚·卡赞这位退休老牌导演而引发一场抗议风波，原因是在20世纪50年代冷战时期，著名的“麦卡锡主义”白色恐怖风声鹤唳，电影圈也无法幸免，伊利亚·卡赞在那时曾出面检举不少好莱坞电影人士，以致这些人遭到迫害、断送前程。因为这项人格的瑕疵，有人认为他不够格获奖，这当然是专业、政治与意识形态间纠葛不清的人间实景，这也与弗里德曼获诺贝尔奖被抗议事件异曲同工，凸显出世间的复杂。

其三，个头小但辩才十分犀利的弗里德曼，因为重述货币数量说成为“重货币学派”的开山始祖，高举“凯恩斯革命的反革命”大旗，在1968年11月与海勒（W. Heller）进行大辩论，在《新闻周刊》（*Newsweek*）长时间与萨缪尔森（P. A. Samuelson，凯恩斯学派最主要大将，1970年第二届诺贝尔经济学奖得主）纸上论战，被萨缪尔森称为“经济学界的鳗鱼”。这个称谓鲜活地点出弗里德曼的观点在当时属于少数，但却颇富有攻击力，有如远洋渔业捕鱼者，为了维持所捕鱼群的鲜活，必须放入几条鳗鱼与鱼群相斗。而弗里德曼这条全球经济学界典型的鳗鱼，在 1998 年亚洲金融风暴掀起漫天风云且自由化受挫、政府管制再度抬头的时候，以 86 岁高龄为文、演说，极力抵挡逆流，甚至主张废掉国际货币基金组织（IMF），这种勇气不是用“令人肃然起敬”就可以形容的。这也让我想起 1993 年 2 月，他在《资本主义与自由》的译本中特别为中国读者所写的序文中的警语：“……美国和其他发达国家的例子显示……维持市场机制的运作可能比导入市场机制来得困难。”这正是促使我们深入思考的暮鼓晨钟。

其四，1985 年 3 月 21 日，弗里德曼应美国三一大学之邀，讲述“我成为经济学者的演化之路”，他在结尾时如此说：“……经济学是一门迷人的学问。而最令人着迷的是，它的基本原理如此简单，只要一张纸就可以写完，而且任何人都可以了解，然而真正了解的人又何其稀少。”我相信绝大多数人对这种说法感到费解，甚至经济学界中也有不少人不同意。不过，弗里德曼应该不是信口开河，也绝非开玩笑，而一定是其大半生的深切感受。因为以我讲授经济学理论 30 多年的经验，我也有相同的感受！

其五，全球著名产权学者张五常教授在 1988 年 9 月 24 日晚于香港演艺学院的歌剧院介绍弗里德曼时，劈头就说：“20 年前，芝加哥大学的助理教授都像生活在爱丽丝的世界中，他们要越跑越快才能站在原来的地方。作为其中一人，我当时照例工作至深夜。一天，已是凌晨，我带着疲惫之身躺在床上，无意间见到隔壁大厦的顶楼上有一个房间的灯还在亮着。此后，在很多个深夜我都见到过这孤寂的灯光。后来，我知道那灯光是从弗里德曼的书房里透出来的，我不明白为什么一个像超级明星的教授竟然会比一个寂寂无名的新入行的人还用功。”张五常感慨地说，在半个世纪中，弗里德曼求知若渴，不获得答案誓不罢休，一定就是因为这种毫不松懈的精神与天才的结合，才造成了可敬的“弗里德曼现象”。

其六，弗里德曼虽然辩才无碍，但也勇于接受真理，此由“科斯定理”的论辩会最能凸显。起初，弗里德曼对科斯（R. Coase）的说法持疑，但听科斯讲到一半时，立即转向帮科斯说服与会的举世顶尖学者。有一次，弗里德曼在机场巧遇一位教授，这位教授原本要到一所大学演讲批判科斯的说法，但在与弗里德曼短暂交流之后，竟然立即将讲题做了 180° 转变，改成如何了解“科斯定理”。

其七，也是张五常的记述，主要体现在他 1988 年 11 月 16 日《背影》这篇描述陪伴弗里德曼夫妇访问中国的所见所闻的文章中。该文特别凸显弗里德曼平易近人、笑口常开，即使走在烂泥路上，也若无其事，欣然而过；而弗里德曼的夫人罗斯（Rose）使用中国落后的厕所，竟然面不改色。最令张教授感动的是，两位老人在火车站站台赶车时，坚持分工合作提笨重的行李，而弗里德曼还曾动过两次心脏手术呢！无怪乎张五常在雾中淡淡的阳光下，见到这对夫妇的背影，会觉得他们短短的身材仿佛变得越来越高大，一时之间竟心酸地想起朱自清那篇被编入中小学教科书的名为《背影》的精彩好文章。

弗里德曼身后的伟大女性罗斯

看过以上我所提诸项弗里德曼的特质之后，读者是否已经急于一探这些特质是如何形成的呢？且慢，因为我们还只是提到弗里德曼本人而已。俗话说："成功男人的背后，总有一位伟大的女性。"不错，弗里德曼背后的这位伟大女性就是他的太太罗斯。而我们知道罗斯也是一位经济学学者，为何他俩没有同行相忌，反有互补效果？何况罗斯并不只专心于"相夫教子"，照理也有在经济专业领域崭露头角的期盼呀！如此一来，我们不免对罗斯的成长过程以及其教养如何养成产生浓厚的兴趣。尤其是当我们知道罗斯是芝加哥学派创始人奈特（F. Knight）的嫡传弟子，以及在罗斯长期当奈特的研究助理和助教之后，会对她为何没有完成博士论文也相当好奇吧？

值得一提的是，罗斯受其大哥亚伦·戴雷科特（Aaron Director）的影响很深。而亚伦也是经济学家，虽然名气并不怎么响亮，但众多举世闻名的大学者却不约而同地对其推崇备至。据张五常描述，亚伦只有一个哲学学士头衔，绝少发表文章，但在芝加哥大学法律系任教，教的课程却是经济学，与他熟识的顶尖学者——无论是法律系的还是经济系的，都对其佩服得五体投地。奇怪的是，亚伦既不喜欢著书立说，也不喜欢教书，只偏好阅读且沉默寡言，一旦他开口说话，旁边的人都静下来细听，生怕丢了宝似的。而芝加哥大学为了让他有事做，以便为他名正言顺地保留职位，还让他创办并主编极其出名的学术杂志《法律和经济学杂志》(*The Journal of Law and Economics*)。而亚伦主编此刊物并不遵守按期出刊的规则，但顶尖学者仍竞相“自投罗网”，而且不敢催其快审。

此外，弗里德曼夫妇都是世界级经济学学者，其子女是否也耳濡目染而克绍箕裘？或者另辟蹊径，以免活在父母的阴影下难出头？他们的一儿一女正好两者都有，属于前一类的儿子大卫·弗里德曼（David Friedman）还颇有名气，他在提倡“自由”方面比起爸妈来更有过之，他甚至认为他的父亲还不够格称为自由主义者呢！而女儿珍妮特·弗里德曼（Janet Friedman）则属于后一类，她是执业律师。不过，虽然她不在经济领域供职，但却显然受其舅舅亚伦的影响颇深，因为亚伦就是法律经济学的创始者之一啊！

关乎 20 世纪历史思考的巨著

弗里德曼这一家人着实精彩异常，而这对夫妇一生横跨的时期又是当代世界变化最大的时期，因此他们笔下的叙述正可使世人更为了解历史重要变迁的轨迹，特别是他们对世界事务有着深远的影响，加上两人都极其纯真，不会扬善抑恶，更不可能刻意隐瞒，甚至扭曲史实，因而他们的回忆录应超越单纯的个人境界，应是关乎 20 世纪历史思考的巨著。的确，弗里德曼夫妇在 1989 年完成近 700 页的回忆录巨著，书名为《两个幸运的人》(*Two Lucky People*)。该书虽然精彩，但分量大且厚重，一般人可能望之生畏而失之交臂。为免此缺憾，我个人乃浓缩摘要该书并参考施建生教授的著作《伟大经济学家弗利曼》[1]，再加上自己的一些评论和张五常教授的三篇近身观察弗里德曼的文章，写成这本《弗里德曼评传》。

全书分成七章，第一章简述弗里德曼的家庭背景与求学历程；第二章叙述弗里德曼的公职工作和教书生涯；第三章简介弗里德曼的学术贡献及其自由经济观念的传播；第四章介绍芝加哥学派；第五章记述弗里德曼与诺贝尔奖、智利经济改革的关系，并简述弗里德曼的三次中国行；第六章引介张五常教授所称的“弗里德曼现象”；第七章则盖棺定论“永远的弗里德曼”。与《哈耶克评传》一样，本书也以通俗的方式呈现，没有注解和参考文献，希望大众一目了然，一起认识弗里德曼，并广传其救世理念，则人类幸甚！最后，感谢五南图书出版公司及编辑的辛苦编校，还盼读者不吝指正。

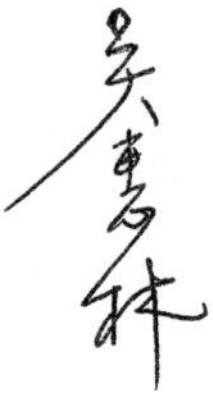

2016 年 3 月 3 日于台北

[1] 弗利曼为中国台湾地区常用译名，即弗里德曼。——编者注

第一章

移民家庭与求学历程

我不能说是挑选了罕有人迹的一条路，但是我选的路径却决定了我一生的方向。我如此选择，不只是因为经济学的吸引力，也不全然是伯恩斯和琼斯的影响。至少与时机有关……美国当时正处于历史上最严重的经济萧条的谷底，当时最重要的议题就是经济。我们要如何走出萧条？如何降低失业率？如何解释需求极大与资源却又未利用的矛盾？在这种环境下，做经济学家似乎比做应用数学家或精算师，更符合时代需求。

犹太移民贫困家庭

1912年7月31日，米尔顿·弗里德曼（1912—2006）在美国纽约市布鲁克林区（Brooklyn）巴贝街（Barbey Street）502号出生，是家中老幺且是唯一的男孩，上有3个姐姐。其父母分别于1894年和1895年移民美国，落脚于纽约市布鲁克林区。

弗里德曼并非米尔顿·弗里德曼先祖的姓氏，而是弗里德曼的父亲早年在布达佩斯投靠的同母异父哥哥的姓。因为弗里德曼的父亲一向被称为“弗里德曼的弟弟”，遂改以弗里德曼为姓，所以米尔顿·弗里德曼和姓弗里德曼的人士并没有血缘关系。

米尔顿·弗里德曼（以下简称“弗里德曼”）的父母是同乡，他们在移民美国后结婚，在弗里德曼1岁多时就搬离布鲁克林区，移居到新泽西州的小镇拉威（Rahway）。这个小镇是纽约和费城之间的火车必经之地，是通勤前往纽约和纽瓦克（Newark）的上班族的安家之处。弗里德曼的父母在缅因街街角买了一栋楼房，兼做住宅和小型成衣工厂。由于生意不成功，没几年他们就关门并卖掉楼房，在对街购屋开了一家小型干货店，由弗里德曼的母亲经营，其父亲则通勤到纽约做赚不到什么钱的工作。

弗里德曼家的干货店所赚的钱足够维持小康家境，与许多移民一样，弗里德曼一家人住在小店楼上。弗里德曼回忆说，他清楚地记得父母在夜里热烈讨论如何周转资金以支付催缴账单的情景，他们通常都不得不玩能拖就拖的把戏，以远期支票调度过去。

不过，虽然弗里德曼家罕有奢侈品，但父母还是勉力凑钱让子女修音乐课。弗里德曼是地地道道的乐盲，但也被父母安排上小提琴课。这全然是浪费时间和金钱，然而上音乐课是其父母乃至一般犹太人家庭普遍重视教育的例证！

弗里德曼家一般都说英语，只在父母不让小孩知道或是偶尔需要与匈牙利来的顾客或亲友讲话时，才说匈牙利语。普通会话则用意第绪语，因此，弗里德曼家的小孩未能学会匈牙利语，但多少听得懂意第绪语，他们可以听懂大人的对话，却不能开口流利地说。

在弗里德曼 11 岁那年，其父母把房子拆掉重建，盖成两间店面，其中一间取代了原来的停车房。多出来的一间店面一直租不出去，于是决定自己开一家冰激凌店。姐弟们年纪够大，能当店员，因此能帮忙照顾生意。由于可以吃冰激凌，姐弟们都很高兴。不过，该店不太赚钱，但仍经营好多年，最好的成绩是弗里德曼的大姐因此而获得了一个好丈夫。

弗里德曼的父亲罹患心绞痛，常用硝酸甘油药丸控制病情，在弗里德曼 15 岁那年（高中最后一年）去世，享年 49 岁，此后一家四口全靠母亲一人辛苦撑持。弗里德曼在 40 年后也得了心绞痛，医生开的药也是硝酸甘油药丸，但因为心血管绕道手术发达，他没像其父那样早逝，反而活得很长。

求学历程

弗里德曼在中小学时期的成绩都非常好。1924—1928年，弗里德曼就读于拉威中学，因为学校离他家很近，所以他走路上学。高二时教他政治学（当年叫作“公民”课）的科汉先生（Mr. Cohan）另开了一门欧几里得几何学（Euclidean Geometry）。这门课深深地影响了弗里德曼对数学的态度，并且使弗里德曼对数学产生了兴趣。弗里德曼在近70年之后，还记得科汉先生在黑板上演算毕达哥拉斯定理（勾股定理）的情景，科汉在证明勾股定理时，引用了济慈（Keats）的诗《希腊古瓮颂》（*Ode on A Grecian Urn*）中最后几行诗句：“美即是真，真即是美——这就包括你们所知道和该知道的一切。”弗里德曼的4年中学生活虽然愉快但平淡无奇，他只参加过很少的课外活动。1928年，当他毕业时，他的语文、数学和历史成绩都很不错。值得一提的是，中学时的弗里德曼代表学校参加《纽约时报》主办的一项全国宪法演讲比赛，获得了铜牌。小镇的公共图书馆使弗里德曼成为嗜书若狂的读者，他几乎把小图书馆的藏书全部看完了。

罗格斯大学的岁月（1928—1932年）

受到两位罗格斯大学（Rutgers University）毕业的中学老师的影响和奖学金的诱惑，弗里德曼参加了罗格斯大学的奖学金甄选考试并被录取，他在不用负担学费的情况下进入了该大学。

1928年，在弗里德曼刚入学时，罗格斯大学还只是一所小型的私立学院，正开始改制为新泽西州立大学，由州政府提供经费设立优厚的奖学金制度。

和当时大部分的移民一样，弗里德曼的父母一贫如洗，收入低于贫穷标准。更不幸的是，弗里德曼的父亲在他高中的最后一年去世了。弗里德曼靠着奖学金和四处打工，在大学期间自食其力，竟然还小有积蓄，足以支付研究所第一年的费用。

虽然走读很方便，但弗里德曼决心不再把大学生活当作中学生活的延续，决定不走读而是住学校宿舍。他住的怀南兹楼（Winants Hall）后来成为了罗格斯大学经济学系的系馆。

在弗里德曼进大学时的1928年，经济还是一片繁荣的景象，弗里德曼很容易找到工作来弥补学费以外的生活开销。他在一家百货公司男装部找到兼职店员的工作，周六值班12小时，薪水为4美元，平日下午加班则可额外领取2美元。由于他被认定为有经验，以后4年，弗里德曼都维持了这种薪水。1932年，新聘的同人只能赚到他一半的薪水而已。弗里德曼还在宿舍大楼对街的一家餐厅找到侍者工作，这家餐厅的生意主要在午餐时段，也就是弗里德曼的工作时间。弗里德曼当侍者的报酬是“免费吃饭”，因而他设法每天午饭吃饱。通常，他在下午1点时才能吃饭。由于弗里德曼经常有课排在下午1点半，并且餐厅与教室有段距离，所以弗里德曼必须吃得很快，这也使他养成了吃饭囫囵吞枣的坏习惯。

在餐厅打工让弗里德曼的大学成绩单留下了唯一的一个C。由于弗里德曼选了一门欧洲史的课，上课时间是下午 1 点半，教室又在校园里最远的一处地方，因而弗里德曼常常迟到，老师以此理由给了他一个 C。弗里德曼找老师抗议，但老师回以“上大学是来上课学习的，而不是去餐厅打工的”，这让弗里德曼哑口无言。

不过，在餐厅打工却让弗里德曼对企业经营的重要性有了最直接的观察经验。当他最初在餐厅工作时，餐厅的生意兴隆，1 年多之后，店主换了人，新店主经营几个月后生意一落千丈，连弗里德曼这样不支薪、只供一顿午餐的伙计都雇不起。当原店主再把餐厅买回后，不到几个月，生意又好起来。在弗里德曼打工的 4 年期间，此循环又出现一次，于是弗里德曼领悟到：在正确的人的领导下生意鼎盛，换个不适当的人则一落千丈。

除了这两份工作外，弗里德曼还做些生意弥补生活开销。罗格斯大学有一个传统，一年级学生在第一学年必须穿白袜子、打绿领带。弗里德曼的好朋友兼学弟哈罗德·哈里斯（Harold Harris）的家里开百货店，可以批发价进货。弗里德曼和哈里斯就打起在新生周于宿舍中卖白袜子和绿领带的主意。这必须先得到学务长的批准才行，学务长很乐意帮忙并给了同意书，这次生意很成功，让弗里德曼有了更大的雄心。

大三那年，弗里德曼与巴诺书店（Barnes & Noble）达成协议：在每个学年结束时，书店到罗格斯大学借弗里德曼打工的餐厅设立 1 天的收购站，收购学生要卖的教科书，由弗里德曼和哈里斯两人负责后勤安排，获得书店收购价款总额 5% 的佣金，而且有权以定价的四五折买回任何书。两个人逐一拜访大一学生大型课的开课老师，调查哪些教科书在新学期还会继续用，然后向家人借几百美元，把书店收购的那些教科书，全部以四五折买下，再与白袜子、绿领带一起卖给大一新生。

书店在得知他们的作为后，向学务长抗议他们侵犯了书店的权益，但学务长的同意函并未限制弗里德曼只能卖领带和袜子，因而他俩可以继续营业，不然可就要赔惨了。结果，这笔买卖挺赚钱，这显示出这两个犹太男孩挺有做生意的天分！

弗里德曼在暑期还有两份性质截然不同的工作。一份是帮忙照料鞭炮摊，这是他从中学一二年级就开始的工作，待遇不错；另一份是帮助没有通过考试的中学生补习功课。弗里德曼应其中学母校的校长之邀，帮助没有通过考试的中学生补习功课，校长起先介绍个别学生给弗里德曼，弗里德曼则以家教方式教学，稍后这些学生便可以参加由学校老师主持的补考。在进行两个夏天的家教后，他在中学成立了暑期班，开了好几门课，每小时收费5美分，校长同意用弗里德曼发给学生的证书代替补考。

这个暑期班非常非常赚钱，每个暑假约5个星期的课，弗里德曼在1930年和1931年的夏天各净赚450美元。当时，美国中小学全职教师的平均年薪约为1 400美元，所以弗里德曼5个星期所赚的，相当于一个全职教师4个月的平均薪水，对一个正处在失业者众多时期的18岁的青年来说，这是非常不错的了。由于这个生意容易赚钱，1932年，中学副校长趁校长退休之机，接办暑期班，自己赚起了外快。

对弗里德曼来说，暑期班不仅有钱可赚，还能得到绝佳的教学经验。从英文、几何到拉丁文，他无所不教，因此学到了所谓的“教学”方法。

由于副校长接管了暑期班，弗里德曼在1932年夏天时很穷，那时他刚从大学毕业，仍帮人照料鞭炮摊，但无法找到其他工作。弗里德曼在那时挨家挨户推销百科全书，却卖得很少，于是他放弃卖书，并利用暑假读书、做研究。

虽然是这样，但弗里德曼在赴芝加哥大学研究所时，结算大学兼职所得，还结余200多美元。弗里德曼全家很幸运地没有受到经济大萧条的打击，一位姐姐在西联国际汇款公司（Western Union）当电报报务员，没丢掉工作；其他两位姐姐偶尔失业，但在绝大部分时间仍可找到文书工作；母亲经营的店一度情况不佳，但在姐姐们的帮忙下，顺利熬过。

弗里德曼就读的罗格斯大学是全美最古老的大学之一，是由荷兰归正教会（Dutch Reformed Church）于1766年创办的，虽非常春藤盟校之一，却是一流的小型大学。它有两个校区，一个是罗格斯男子学院，另一个是道格拉斯女子学院及一座实验农场。学生不到2 000人。

对在小镇成长、中学同届同学仅有约80人的年轻的弗里德曼来说，这所小型大学像是一个家。麻雀虽小，五脏俱全，罗格斯大学有各种不同的课，又有许多优秀、专心的各科老师。校园广阔，有许多漂亮的大楼，也有热闹的兄弟会活动，但经济能力有限的弗里德曼，只能望而兴叹，无缘参加。

弗里德曼在大学的课外活动，除打工赚钱外，就是在学生报担任文字编辑，负责校对文稿和写标题。当时，罗格斯大学的男生被强制接受两年预备军官教育训练，弗里德曼在受训两年后获得伍长的军阶，但弗里德曼认为预备军官教育训练课程是一种负担，对个人和国家都没有重大利益。

弗里德曼进大学最初有意主修数学，他听说可以利用数学知识赚钱的工作是精算工作，因而搜集有关这行业的资料，打算成为精算师，根本没有从事教学、研究的念头。弗里德曼保持这个计划好几年，甚至参加了若干精算师资格考试，通过了几科，也挂了几科。不过，一两年之后，弗里德曼放弃主修数学，改为主修经济学。

为何改变主修科目？两位老师的教导最为重要。一位是在罗格斯大学执教鞭（助理教授），同时在哥伦比亚大学撰写博士论文的亚瑟·伯恩斯（Arthur F. Burns）；另一位是在芝加哥大学研究所进修，也在罗格斯大学授课的霍默·琼斯（Homer Jones）。这两位老师对弗里德曼一生的发展有着极大影响，也是他的终生顾问和师友。

当年，弗里德曼 19 岁，伯恩斯 27 岁。伯恩斯虽然初出茅庐，但已饱学而成熟，深深地执着于追求知识和道德，也已展现出成熟的判断力，多年之后被任命为美联储主席，也当过美国驻德国大使。

伯恩斯对弗里德曼的第一个影响发生在一次课堂上，弗里德曼和另一位同学就伯恩斯的博士论文草稿逐字逐句地向伯恩斯请教。这堂课传授给了弗里德曼做学术的标准：注意细节，谨慎无瑕的精确，查证来源；更重要的是，欣然接受他人的批评。这对弗里德曼日后的科学研究启迪甚深。

另一个影响是，伯恩斯介绍弗里德曼细读 19 世纪伟大经济学家阿尔弗雷德·马歇尔（Alfred Marshall）的著作《经济学原理》(*Principals of Economics*)。他俩不只在当时，还在日后仍不时地对这本经典巨著的精义切磋讨论并交换看法。

另一位对弗里德曼一生影响很大的教师琼斯出生在爱荷华州农村，受教于奈特，追随奈特到芝加哥大学攻读研究所，在弗里德曼大三时到罗格斯大学任教，属于兼职性质。当时，琼斯仅 24 岁，在学术界属于小人物，被学校要求教好几门课，包括保险学和统计学。弗里德曼认为，琼斯之前并没教过这两门课。因为弗里德曼有志于成为精算师，于是他选修了这两门课，并与琼斯一起研读、学习。琼斯向弗里德曼介绍了当时已知名的芝加哥学派观点，也带引弗里德曼关注奈特的经典名著《风险、不确定性和利润》(*Risk, Uncertainty and Profit*) 中的基本观点。

琼斯后来到圣路易斯市的美联储担任副总裁，负责经济研究工作。他对美国的金融形势了解深入，在这个职位上对美国利率的走势发挥了极大的影响。弗里德曼认为，在所有 12 家美联储中，圣路易美联储的出版物是最常被学术研究引用的，而这应归功于琼斯。

1932 年是大萧条的急剧恶化期，弗里德曼从罗格斯大学毕业。由于伯恩斯和琼斯两人的启迪，弗里德曼已不执着于当精算师。视野已开阔的弗里德曼，向几所大学申请奖学金进入研究所就读。

有两所大学愿意提供学费、奖学金，分别是布朗大学和芝加哥大学，前者要弗里德曼去读应用数学，后者则要弗里德曼去读经济学。这两所大学提供的奖学金被称为研究奖学金，名额少，金额也不多，而且一年级学生也很少有人得到。

究竟要选哪一个研究所，弗里德曼伤透了脑筋，差点就用掷铜板来决定。如果没有琼斯的指引，弗里德曼就会选布朗大学，将会成为应用数学家，这个世界就会少一位杰出且重要的经济学家。弗里德曼曾引用著名诗人弗罗斯特（Robert Frost）的名句："黄色的树林里分出两条路，可惜我不能同时去涉足……我选了罕有人迹的一条小径，使结果迥异。"他写下了自己抉择的心声，他是这样写的：

我不能说是挑选了罕有人迹的一条路，但是我选的路径却决定了我一生的方向。我如此选择，不只是因为经济学的吸引力，也不全然是伯恩斯和琼斯的影响。至少与时机有关……美国当时正处于历史上最严重的经济萧条的谷底，当时最重要的议题就是经济。我们要如何走出萧条？如何降低失业率？如何解释需求极大与资源未利用的矛盾？在这种环境下，做经济学家似乎比做应用数学家或精算师，更符合时代需求。

芝加哥大学经济学研究所（1932—1933年）

1932年秋天，弗里德曼和几位大学同学搭一位同学的便车前往芝加哥。当年刚满 20 岁的弗里德曼，从未到过德拉瓦河以西。在西行途中，他发现越往西走，老百姓越友善、越好客。

弗里德曼就读芝加哥大学经济学研究所的第一学年（1932—1933）是他财务最窘迫的一年，他在一家由一位老寡妇开设的餐厅当午餐时段的侍者，薪资是一天一顿饭和可以免费住在餐厅楼上的一间房里。弗里德曼也曾在一家鞋店找到周六当营业员的工作，工作 12 个小时却只领到 7.5 美分，他立即辞职不干并到处找工作，但遍寻不着。由于无法自行赚钱维持生活开销，于是向家人（大部分来自在西联国际汇款公司当电报报务员的姐姐）借了 300 美元，但第二年拿到哥伦比亚大学研究奖学金后就还掉了。

芝加哥大学经济学系在 1932 年已是全美最佳系所之一，教授阵容强大，名师济济，除奈特和维纳（Jacob Viner）两大学术明星外，还有舒尔茨（Henry Schultz）、道格拉斯（Paul Douglas）、西蒙斯（Henry Simons）、明兹（Lioyd Mints）、米利斯（Harry A. Millis）和内夫（John Nef）等著名经济学家。

弗里德曼在芝加哥大学经济学研究所上的第一门课是维纳教的经济理论课，那是每个研究生都必修的“价格与分配理论”（price and distribution theory）。维纳是弗里德曼认定的伟大老师，对他的事业和个人生涯都有巨大影响。在专业方面，维纳的理论课程为弗里德曼开拓了一片新天地，让他体会到经济理论是一个密切结合的、前后一贯的逻辑整体，并不是一套不相关的命题。维纳的课除了是弗里德曼一生所经历的最丰富的学术经验以外，也使他遇到了罗斯·戴雷科特这位美丽年轻的小姐。故事是这样的：维纳将全班同学按姓氏字母次序排座位，罗斯就坐在弗里德曼旁边，两人就这样相识、相爱，终而结成连理且白头偕老。

罗斯和弗里德曼一起上的课还有舒尔茨教的数理经济学，课程名称是“相关和曲线拟合”（correlation and curve fitting）。舒尔茨是一个很爱引经据典的学者，虽无太多自己的深入创见，却有刻苦耐劳、穷追本源的特质，他仔细研究的是一个很狭隘的领域，即统计上的需求曲线，多年来都在撰写巨著《需求的理论和测量》（*The Theory and Measurement of Demand*）。舒尔茨聘用弗里德曼当助理，助其从事此项工作，并推荐弗里德曼下学年到哥伦比亚大学跟霍特林（Harold Hotelling）教授学习，且托霍特林帮弗里德曼争取到一份研究奖学金，这对弗里德曼帮助甚大。

在芝加哥大学的一年中，除经济学研究所的必修课外，弗里德曼的所有选修课都在数学系。他在数学系所修的学分与该系硕士学位所要求的完全相同，这对弗里德曼往后的事业发展大有帮助。

虽然弗里德曼觉得芝加哥大学的教授很优秀，但他认为从教授那里学到的东西还比不上同学之间相互切磋的心得，教授的真正作用只是提出一些主题，供大家自由讨论。教授之间纵有争论，大致也是因学术见解互异而起，这使得经济学系成为十分有意思的学习场所。这种追求真理的气氛进而发展出一种可贵的传统，即学术讨论贵在论证是否强而有力，而不是依表达的方式或提出者的专业地位而定。芝加哥大学经济学研究所有一群来自世界各地的学生，形成了一种非常多元化和活泼的学术气氛。

为了完成舒尔茨布置下来的计算功课，弗里德曼和罗斯在统计实验室花很多时间演算，经常通宵达旦。由于两人相处时间长，彼此更加熟识。当时有位来自瑞典的同学卡尔森（Sune Carlson）时常和他们在一起，是他俩最好的朋友之一。后来卡尔森回到瑞典，在学术界崭露头角，和他们的联系逐渐减少。不过，卡尔森竟然是1976年授予弗里德曼诺贝尔经济学奖的诺贝尔委员会委员。在芝加哥大学求学时，统计实验室位于社会科学大楼4楼，卡尔森、罗斯和弗里德曼3个人经常在做完一天的作业后，一起等电梯，当电梯门一开，卡尔森就把罗斯和弗里德曼推入电梯。自己走楼梯下楼，明显要制造机会撮合他们俩。

芝加哥大学经济学研究所的学生不多，素质都非常高，弗里德曼特别提到两位年龄稍长的同学——哈特（Albert G. Hart）和博尔丁（Kenneth E. Boulding），这两人讨论事情很激动，他俩抬杠的场面是同学们化解无聊的药丸。这两人日后都有亮丽的前途：哈特长期在哥伦比亚大学担任经济学教授；博尔丁写了一本广被使用的价格理论教科书，并以研究冲突的解决之道出名，成为科罗拉多大学杰出的经济学教授。芝加哥大学时常有海外来的访客做长期或短期研究，他们或以研究生身份入学，或以访问学者出现，这对初出茅庐的本国学生来说真是大开眼界，他们得以见识来自英国、法国、德国以及其他国家年长但属于同一学术时代的学者。

弗里德曼在芝加哥大学读研一的这一年，美国正处于历史上最惨痛的经济萧条谷底之时，金融体系全面崩溃，罗斯福（Franklin Delano Roosevelt）宣誓就任总统之后的第一道命令就是宣布全国银行暂停营业，而联邦储备体制成立的目的本来是要防范这类事件的发生，却也自身难保，竟然关上大门，而新政（New Deal）也开锣，此事件在芝加哥大学经济学系也引起热烈讨论。在1933年取得硕士学位后，弗里德曼启程赴哥伦比亚大学就读研究生二年级。

哥伦比亚大学研究所（1933—1934年）

弗里德曼在哥伦比亚大学研究所上霍特林的数理统计学课时，他觉得很像维纳在上经济理论课时给他的感觉。弗里德曼也上了米歇尔（Wesley C. Mitchell）和克拉克（John Maurice Clark）的课，米歇尔教他以制度化的方法研究经济理论，以及解释商业周期（business cycle）的各种方法；克拉克则教他那套无人可及的结合纯理论及方法细节的治学方法。

在哥伦比亚大学那一年，影响弗里德曼最深的是霍特林。在课堂上言简意赅、叙事简洁清楚的霍特林，基本上是一位数学家，他的思想、讲话、写作一向非常抽象，但他有特殊的能力找到问题的关键，做出十分实用的贡献。在经济学上有个“霍特林定律”，1992年《经济学杂志》（*The Economic Journal*）上的一篇论文，把它推崇为“经济学上不可再生资源的基本定理”。

当时在哥伦比亚大学经济学系的优秀教授群中，最杰出者首推米歇尔。他在1913年和1927年出版专著探讨商业周期，在国家经济研究局（NBER）长期主持研究工作，被公认是全世界研究商业周期的顶尖专家；他还是国家经济研究局于1920年成立时的创办人之一，在 1920—1945 年担任研究主任。弗里德曼选了米歇尔开授的经济思想史和商业周期两门课，弗里德曼觉得米歇尔的经济思想史的讲课内容很沉闷，米歇尔明显不是像维纳或奈特那样才华洋溢的理论家。米歇尔认为，理论本身没有生命，不是由主题内部逻辑发展出来的，而是就外在事件的响应，这与多年之后由斯蒂格勒发展出来的思想史形成鲜明对比，而米歇尔明显是在重述许久以前形成的想法、见解，无法引起弗里德曼的兴趣。不过，米歇尔的商业周期课可就完全不同，尽管这门课技术性高且高度实证，但这个主题是他毕生的研究心血，代表对现势的研究。米歇尔展现出在思想史课堂上看不到的热忱和投入，因而对学生产生了实质性的影响，此种课程与芝加哥大学的课程没有重叠，是深度探索的不同主题。

克拉克是哥伦比亚大学教授群中仅次于米歇尔的著名经济学家。他和米歇尔不同，他热爱经济理论，且将其运用到实证问题上。他在 20 世纪 20 年代初期执教芝加哥大学时，写了《固定成本经济学的研究》(*Studies in the Economics of Overhead Costs*)，这本书已经成为经典。不过，克拉克讲课结结巴巴，许多学生不能适应，但弗里德曼却在他的课中收获颇丰，因为克拉克以不同的研究方法、不同的内容脉络探讨经济理论，和弗里德曼在芝加哥大学所学不同，但同样强劲有力、丝丝入扣。

弗里德曼在哥伦比亚大学这一年结交了一些朋友，有的还成为终生的好朋友。哥伦比亚大学的研究生和芝加哥大学的同样杰出，弗里德曼觉得与他们互动往来学到的东西，与上课所获的知识一样丰富、宝贵。

在哥伦比亚大学结交的朋友中，最值得一提的是马赫卢普（Fritz Machlup）。哥伦比亚大学与绝大多数颁授哲学博士学位的学府一样，要求博士生至少能读两门外语，弗里德曼选了法文和德文。他的法文说写都相当流利，但德文只勉强及格。有一天，弗里德曼在图书馆读书，准备德文考试，读的是一篇德国的经济杂志上的艰难论文。有位年轻人走过来，友善地问："对不起，我能够帮忙吗？我来自奥地利，凑巧注意到你已在一页德文上花了很长时间了。"这位年轻人就是马赫卢普，两人从此结为终生挚友。马赫卢普是奥地利学派健将，和 1974 年诺贝尔经济学奖得主哈耶克（F. A. Hayek）是亲密的朋友，后来移民美国。

弗里德曼经由其在芝加哥大学和哥伦比亚大学研究所的求学经验，得到这样的结论：初出道的经济学者，最理想的是先到芝加哥大学念一年书，着重理论研究，之后再到哥伦比亚大学深造一年，因为哥伦比亚大学重视体制的影响和实证工作。弗里德曼再三强调，是先到芝加哥大学，再到哥伦比亚大学，可别先到哥伦比亚大学再到芝加哥大学，他也举了沃利斯（W. Allen Wallis）先到芝加哥大学后到哥伦比亚大学的经验作佐证。

重回芝加哥大学经济学研究所（1934—1935 年）

在哥伦比亚大学一年的学习结束后，弗里德曼回到芝加哥大学继续研究所的学业。由于弗里德曼通过担任舒尔茨教授的研究助理每年可获得 1 600 美元，而且不必付学费，又可以听任何课，因而他就尽量旁听，还参加了博士学位的初步考试。所以，除在芝加哥大学和哥伦比亚大学的论文外，弗里德曼符合博士学位必须的条件，而基于某些实际原因，弗里德曼拿了哥伦比亚大学博士学位。

当时舒尔茨教授的需求曲线专著已完成草稿，弗里德曼的任务是详读原稿并建议更正。修正或填补文字特别侧重纯数理和理论分析，当时弗里德曼发现原稿中有不少错误，而且舒尔茨有时还弄不清论点，于是弗里德曼认为舒尔茨的学术才智有限。不过，弗里德曼日后发现，虽然舒尔茨对纯粹分析不专长，但他不偏不倚追求真理以及坚持在一个狭窄范畴内深耕的态度，使他在经济学上的贡献远胜于许多更能干但治学不够严谨、不够心胸宽广的学者。不幸的是，舒尔茨在他的专著出版前，开车载着妻子和两个女儿赴加州度假时，在公路上坠崖，全家丧生，去世时他年仅 45 岁。

弗里德曼在追随舒尔茨的那一年，从需求和供给的纯理论及时间数列的统计分析中学到许多秘诀。在修正舒尔茨的手稿时，弗里德曼把自己一篇未发表的文章“自作主张”地列入参考文献，舒尔茨在定稿时将它保留。50 年之后，日本教授过马良光太郎（Kotaro Tsujimara）在读了舒尔茨的著作后，发现这篇参考文献和自己的研究有关，写信请弗里德曼寄副本供参考，而后在其论文中引用该文中的若干概念，并希望把弗里德曼的文章译为日文，和他的文章一并发表。弗里德曼在 1984 年 5 月 29 日去函同意，说："我很高兴 50 年前的东西，在今天竟然能发挥作用。"

1935 年 11 月，哈佛大学的《经济学季刊》(*The Quarterly Journal of Economics*) 冬季号刊登了弗里德曼的《评庇古教授由预算数据测度需求弹性之方法》(*A Criticism of Professor Pigou's Method for Measuring Elasticities of Demand from Budgetary Data*)。那篇文章是弗里德曼追随舒尔茨做研究时的副产品，发表过程有些曲折。

由于庇古教授当时任教于英国剑桥大学，弗里德曼接受舒尔茨的建议，把文章投到凯恩斯（J. M. Keynes）主编的《经济学杂志》，同时寄了一份副本给庇古，凯恩斯回函表示已与庇古讨论过，并列举庇古认为批评不能成立的理由，因而退稿。弗里德曼一生接到的两封凯恩斯来信都是退稿信。

弗里德曼把被退稿的文章转投到陶西格（F. W. Taussig）教授主编的《经济学季刊》，陶西格接受熊彼特（J. A. Schumpeter）的推荐刊登。庇古向陶西格提出异议，说他已向弗里德曼指出错误之处，幸好弗里德曼在投稿给陶西格时已说明该文遭到凯恩斯退稿且附上了庇古的评语及自己的答复。结果是，庇古写了一篇答辩文，再由弗里德曼写一篇回复文，一起刊登在 1936 年 5 月出刊的《经济学季刊》。

1953—1954 年，弗里德曼赴英国剑桥大学当傅尔布莱特奖学金客座学者，他写信给当时已退休但仍住在国王学院的庇古，请求拜访，庇古亲笔回函，大意是说："我已经有 76 岁了，对经济学对话十分过敏。不过，如果你一定要来，而且能找到像卡尔多（Kaldor）这样的人在手术时握紧我的手，欢迎你来访。”弗里德曼接信后虽不太高兴，但仍预备拜访，却被生气的罗斯劝阻。弗里德曼后来一直后悔听了罗斯的话而失去拜访庇古的机会，毕竟无论庇古有何怪癖，他终究是个伟大的经济学家，是马歇尔的传人，也是福利经济学的先驱。（弗里德曼指出，庇古以有怪癖和擅长登山著名，是个同性恋者，后来被指控是剑桥大学里替苏联当间谍的一群人之一。）

重回芝加哥大学，弗里德曼结识了两位新同学沃利斯和斯蒂格勒。沃利斯毕业于明尼苏达大学，斯蒂格勒则在西北大学修了一年研究生课程，再转到芝加哥大学。他们立刻成了死党，其生活往往交织在一起，开口闭口都是经济学。

芝加哥大学的外籍访客络绎不绝，其中值得一提的是波兰经济学理论家兰格（Oskar Lange），他曾是芝加哥大学经济学系教授。第二次世界大战结束时，他辞去教职，出任波兰驻联合国代表，后来又回到波兰，成为波兰共产主义政府的内阁部长，未能躲避权力的腐化。根据报道，兰格成为一个悲剧性的人物，心甘情愿当政治傀儡，从来不能把他宣扬的理论付诸现实。

1934—1935 年，弗里德曼在许多方面都很有收获。不过，这一学年结束后，他需要找份工作。他当时没有机会得到学术界的教书工作，倒是“新政”正在如火如荼地推动，提供给经济学家和统计学家极大的市场。沃利斯早在几个月前已到华府，在国家资源委员会谋得一职。他说服其上司尼兰（Hidegarde

Kneeland）给弗里德曼一份工作，弗里德曼欣然接受，立即就任，把学术工作和钟爱的罗斯暂时留在芝加哥。在这里，有必要提一提罗斯。

罗斯在弗里德曼前往哥伦比亚大学的那一年，内心曾经犹疑过：究竟是继续在芝加哥大学念下去，还是先去找工作自立呢？她之前在芝加哥大学时，经济上是由大她10岁且在芝加哥大学任教的哥哥亚伦·戴雷科特支持的。她很想解除哥哥的负担，要自己去工作，但她对进修又很有兴趣，后来她虽然已通过博士学位所需的外语考试，但还是决定去从事一份不是很满意的工作。到了该学年的春季，她才接到奈特教授的通知，奈特已为她申请了一份资金，要她在下学年担任他的助理，罗斯于是可以与弗里德曼同时在1934年回到芝加哥大学。后来，罗斯与奈特讨论过，要写一篇关于资本理论之历史的博士论文，请他指导。奈特欣然同意，而且还说这是他做了20年而没有成功的工作，也许罗斯能成功。可惜的是，罗斯还是没有完成。

第二章

弗里德曼的公职工作和教书生涯

弗里德曼感慨地说，年轻研究生及助理的冲劲、能力，与许多资深教授的沉闷、缺乏做学问的兴趣，形成强烈的对比。后来，弗里德曼观察自己研究所学生的状况，对于许多人在学生时代及成为终身教授后的判若两人大为惊慌，于是他经常猜想，究竟在他们的学生时代，自己和其他教授们哪里教错了，或是日后他们任教时有什么遭遇，竟使许多前程似锦的学生、知识分子变成第二等、迂腐、毫无创新精神的教书匠！

赴华府参与消费问题研究工作

1935 年 8 月 19 日，弗里德曼离开芝加哥大学，结束其求学生涯，抵达华府投入工作。在沃利斯的推荐下，弗里德曼在国家资源委员会谋得一职，该委员会是“新政”所设的机构。其中有一个产业部门（Industrial Section），设了一个消费研究小组（Consumption Research Staff），该小组负责提供整个经济社会消费方面的信息，使华府能据而评估各种促进经济复苏和扩张的建议。小组负责人尼兰女士答应聘用弗里德曼。

1935 年是“新政”实施的第二年，热度未减，弗里德曼夫妇日后成为批判“新政”导致中央集权、造成政府过度膨胀最有力的知名人物。有趣也讽刺的是，“新政”拯救了弗里德曼夫妇，而且功劳很大。政府推出一系列新计划，制造出经济学家奇货可居的市场，华府尤其需才孔急。弗里德曼日后回想，若无“新政”，他们能否以经济学家的身份得到工作大有疑问。学校的教书职位空缺很少，而且学校的里反犹气氛浓厚。虽然斯蒂格勒在 1936 年被爱荷华大学聘为教师，沃利斯也在 1937 年赴耶鲁大学任教，但没有一个地方要聘弗里德曼当教师。直到 1940 年，威斯康星大学才以客座教授身份聘弗里德曼任教一年，但因反犹情绪，弗里德曼在一年届满后即离开。

经济大萧条是美国空前的大灾祸，弗里德曼夫妇能完成研究所学业，算是非常幸运的，他们也很清楚全美国人所遭遇到的困境。当他们在芝加哥大学念研一时，近距离目睹芝加哥的银行一家接一家倒闭。当时，芝加哥大学的教师和同学也和绝大多数美国人一样，认为早期“新政”的许多措施都是针对危害情况的适当做法。不过，弗里德曼也强调，不是物价固定措施帮了他们，而是公共事业振兴署（Work Progress Administration）、公共工程总署（Public Work Administration）以及文职维护团（Civilian Conservation Corps）等机构提供了就业机会。不过，弗里德曼坦承，他和罗斯对私事的关切远远超过那些广大的议题。他们当时正在事业起步的边缘，虽然年轻，也保持乐观心态，但他们一生的观点和习惯的确受到大萧条的极大影响。

再说弗里德曼 1935 年在华府的工作。弗里德曼在国家资源委员会的年薪是 2 600 美元，而他在芝加哥大学追随舒尔茨当助理时的年薪是 1 600 美元，那时，这些钱已能够让他提高生活水平，并且也能存些钱。他的薪水是当时所有产业全职员工税后平均年收入的 2.2 倍。就一个年龄只有 23 岁的青年而言，当年的薪水可真是不错。弗里德曼感叹说，华府官僚一直都把他照顾得一级棒，不是近年才有的现象!

对年轻的经济学家、律师、政治学家、记者等而言，新政时期的华府是一个好地方，因为到处都可以找到高薪工作。政府在扩张，学界和企业界的工作机会稀少，这吸引了大批一流人才到华府来，让他们得到比承平时期更需肩负重大责任的职位。弗里德曼有一种感觉，或者可以说是一种幻觉，那就是自己正处于新秩序诞生之际，社会即将有石破天惊的大变革。来自不同出身背景、专长领域和大学的青年才俊彼此交往，他们创造了丰富的社交生活。在新政初期，这股气氛极为浓厚，直到 20 世纪 30 年代末期才稍微淡化。

弗里德曼负责的消费者购买行为研究，旨在针对庞大的家庭样本，搜集关于他们的收入和支出的详尽信息。虽然这类研究的庞大规模归功于公共事业振兴署创造就业机会的目标，但是这类研究早已在较小规模内一再进行，不只美国在做类似研究，许多国家也在做，旨在搜集计算生活费用指数所需的信息。要算出此指数，就必须把各种不同物品，根据它们在消费者预算中的重要性，给予不同的加权。

消费者购买行为研究产生许多选样及组织的新问题，弗里德曼等在国家资源委员会的这班人马的任务就是规划整个方案。设计每个家庭必须详填的问卷、样本以及选样程序；开发制表绘图及分析计划，并且备妥调查结果的报告。劳工部劳动统计局及农业部家政局负责搜集资料，一般来说，它们分别负责向城市人口及农村人口搜集这些资料。

弗里德曼、罗斯和沃利斯在学校所学的统计学技术和理论，虽然与设计这样一项研究相关，却不足以让他们应付华府的官僚体系。还好的是，尼兰和几位老公务员曾有参与早先预算研究的经验，且深谙公共部门办事要诀。弗里德曼完全沉浸到这项研究计划里，因为这项研究具有挑战性，与他以前做过的事完全不同，就弗里德曼个人而言，这项研究中的实质内容大大增长了他的见识。

首先，弗里德曼认为不可思议，竟有受访者愿意花数小时答复一些高度隐私又极端繁复的问题，更不用说有能力回答这些问题了。然而，老手向他担保绝对没问题。弗里德曼与一位同僚出马测试一份初步问卷后，这个怀疑就消失了。他发现许多受访者——绝大多数是先生去上班而独守在家的太太们——百无聊赖，乐于花几个小时与有兴趣知道她们生活细节的人聊天。她们对告诉陌生的访员自己的收入以及过去一日、一周或一年，花了多少钱买牙膏、卫生纸或各种衣服等等巨细无遗的信息，毫不犹豫。

弗里德曼曾写信给罗斯，提到这个经验令他大开眼界，他提到有一次对一户农家的问卷调查，让他体会到农家的真实情况。准备问卷时，要如何归类某种费用支出，产生过许多有趣的问题。有一回他们讨论究竟要把酒归类为"食用品"还是其他类别，如"娱乐用品"，由于在分析某些法国食谱的营养评估报道时，发现只有把酒算进去，才算有充分营养，才把酒归类为食用品。

在国家资源委员会任职两年后，弗里德曼成为消费行为研究的专家，而且其获得的实际统计经验，强化了他在数理统计上的知识，也使他日后从事科学工作比他人突出，更让他在 15 年之后，写出他自认为在科学研究上最好的著作，这就是《消费函数的理论》(*A Theory of the Consumption Function*)。

谈到这里，有必要交代罗斯的情况。弗里德曼在 1935 年 8 月 19 日离开芝加哥后，罗斯也在 4 天之后出发回波特兰，因为奈特教授要在这个学年的秋冬二季离校半年，当奈特助理的罗斯也得停工，她觉得在芝加哥太孤寂，于是决定回家去。她原本想在华府找份工作，但没成功，最后只在波特兰找到一份临时工作，期满后正好回芝加哥大学担任奈特的助理。不过，她还是想到华府工作，就在稍有眉目时却发现她不是美国公民，因为她是两三岁时随父母由苏联移民美国，一直没有办理归化手续，而在美国政府任职必须是美国公民。后来在弗里德曼的上司们与当局磋商后，罗斯勉强得到通融，在弗里德曼的工作小组得到一个3个月期限的工作。此时她在芝加哥大学的研究助理任期也到了，她即使搜集了一些撰写博士论文的资料，也只好暂时搁置。罗斯在华府工作3个月后又失业，但很快又找到联邦存款保险公司研究与统计处的工作，此一机构也是“新政”所创设的，主管正是弗里德曼在罗格斯大学时的恩师琼斯，这也可以说是巧合了。

国民收入研究

1937年年初，弗里德曼参加国民收入暨财富研究会议（Conference on Research in National Income and Wealth）的第一届会议，这是1936年由NBER（国民经济研究局）的库兹涅茨（Simon Kuznets, 1907—1985，1971年诺贝尔经济学奖得主）发起成立的团体。NBER是20世纪20年代由米歇尔带头成立的，应“针对经济社会及产业问题，亟须科学化确认及公正诠释事实真相”的需求而生，它在弗里德曼的专业生活中扮演着重要角色。

NBER早期致力于两个主要领域的研究，一是衡量国民收入；二是分析商业周期。在国民收入的量度上，NBER一直保持执牛耳的地位，当商务部准备起草正式文件时，就要求NBER与它合作。库兹涅茨奉派进驻商务部，领导一组人做出第一份官方对国民收入的估算文件，该文件在 1934 年被命名为《1929—1932 年的国民收入》，作为参议院的文件发布。1936 年，库兹涅茨筹划组织收入会议，集合当时积极从事国民收入及其分配情形各方面研究的学界及政府机关专家。国家资源委员会的尼兰小姐受邀参加，他们团队做了消费者购买行为研究的收入资料研究，构建出了家庭收入分配情形，于是弗里德曼奉派出席这项收入会议，成为国家资源委员会代表团的成员之一。

前文提过弗里德曼和伯恩斯的亲密关系，而伯恩斯又是库兹涅茨在 NBER 一起做研究的同事，所以弗里德曼可能以前见过库兹涅茨。不过，这次收入会议才是弗里德曼与库兹涅茨的第一次密切接触，这是大大影响弗里德曼一生事业的偶然机缘。由于这次接触以及伯恩斯的推荐，很快，库兹涅茨就请弗里德曼到 NBER 当他的助理。

1937 年年中，弗里德曼结束与国家资源委员会的聘雇关系，在启程到纽约之前，他利用夏天全力工作，埋头写成一篇论文，发表在 1937 年 12 月出版的《美国统计学会会刊》(*Journal of the American Statistical Association*)。那年夏天，弗里德曼每天工作到清晨 4 点，而后一觉睡到中午才起床，他觉得清晨是最有生产效率的时段——安静且不会有人来电或拜访以致打乱思绪。

1937 年 9 月，弗里德曼搬到纽约，库兹涅茨交给他两项任务：一是一般性任务；二是特定议题。前者是设法填补他和其他收入专家认为在收入及财富数据上的大漏洞，即收入和财富多寡的分布研究。后者是帮库兹涅茨分析对专业人士调查的收入资料，那是库兹涅茨替美国联邦人口统计局调查国民收入初步正式估计时的副产品。库兹涅茨发觉对独立的专业执业人士的收入资料严重缺乏，为了弥补这个空缺，他向医生、律师、会计师及顾问工程师这几类人士派送问卷。起初，他只用这些数据来估算他们的平均收入，他回到 NBER 时把这些资料也带走了，准备做更仔细的研究，还写了一篇初稿分析它们。不过，库兹涅茨分心去做其他工作，专业人士收入分析草稿就被搁置，因此他期待弗里德曼协助分析这些资料。

NBER 为弗里德曼展现了一个崭新的世界，这对他后来的学术生活有莫大的影响。弗里德曼在秋天加入 NBER 后的第一项任务，就是主编他在春天参加的收入会议的论文集。之后他在头几届会议都担任大会秘书长，并以该身份主编第二本和第三本会议论文集。筹备收入会议、规划议程以及主编这三大论文集，使得弗里德曼成为国民收入专家，更重要的是，让弗里德曼能和在统计学及经济学等广泛议题上最积极、多产的若干专家有了接触。库兹涅茨在历届收入会议里一直表现活跃，直至 1985 年逝世。弗里德曼则参加该活动直到 1943 年，然后暂时离开了经济学领域，他在担任数理统计师工作、从事战争研究之后就再也没有积极参与收入会议。

弗里德曼的收入分配工作还包括替两项研究计划当顾问。这两项计划分别在特拉华州和威斯康星州，都是收入分配会议后的构想。特拉华州有些对于收入分配显得非常独特的资料，因为它是全美唯一要求每个居民不论是否需要纳税，一律都得申报收入的州。那是杜邦担任税务局局长时的创举，他自己捐出大笔金钱研究改善税收系统，认为唯有全面申报才能把逃税降到最低程度。他很高兴这样得到的数据令学者感兴趣，不仅同意让学者研究分析，还乐意资助研究费用。就弗里德曼来说，这项研究提供宝贵的专业经验去组织与分析特拉华州独特的资料，还让他偶尔要到威明顿出差，得以帮罗斯买尼龙丝袜，当时杜邦刚成功开发尼龙丝袜，别处还买不到。

威斯康星州的数据重要的原因与特拉华州不同，威斯康星州过去是全美唯一将收入税申报资料开放给公众取阅、不保证保密的州，也是首先开征个人收入税的少数几个州之一，管理收入税有成功的纪录，且人口及产业比特拉华州更多样化。更重要的是，威斯康星大学有许多人有兴趣要分析这些资料。威斯康星州的该项研究计划，是弗里德曼于1940—1941年到威斯康星大学任教一年的部分原因，由该研究结果汇集而成的书中就有弗里德曼写的序。

弗里德曼在NBER的主要任务是，修订及完成库兹涅茨就独立执业的专业人士收入撰写的初稿。该初稿不完整，需做修整，一接手，弗里德曼就在统计分析和初稿修整上负全责，完成了一份全部改写过的未定稿本，最后的成品是《独立执业专业人士的收入》(*Incomes from Independent Professional Practice*)这本书。弗里德曼在1941年就已完稿，但因第二次世界大战和原稿有些地方有争议，延迟到1945年才出版。该书探讨两个主题：一是对5种专门职业人士平均收入之差异提出解释；二是个人之间收入分配状况及其长时间的动态发展情形。前一个主题是最早期的实证研究，后来成为“人力资本”（human capital）这个重要的学科。

该书原稿的争议源自他们对人力资本的部分研究心得，他们尝试解释普通医生的平均收入为何高出同样是医生的牙医大约三分之一。弗里德曼他们认为，应以该行业的进入容易度来解释。这与美国医学会（American Medical Association）对进入医生这种职业设门槛相当严苛有关，当时对牙医的掌控没有很严格。不过，美国医学会长期以来已丧失大权，其垄断权力已被政府拿走。政治力不像经济力，政治力接近于零和游戏，当政府在医界扮演更大角色时，美国医学会的势力就衰弱了！

弗里德曼他们探讨的第二个主题是个人之间的收入分配情形，以及长时间的动态发展状况。一般学者早已察觉，任何一个单一年度的收入分配都可能对收入不均产生误导，因为收入会与时俱变，真正重要的是长时间的收入不均现象。能够提供同一个人在数年中的收入数据的人员，他的收入数据会具有罕见的价值。就人的一生而言，数年的时间虽然短，但比起只有一个年度的资料已是大进步。所以，弗里德曼他们研究同一个人连续几年收入的关系，也比较了长期下来这个行业在收入等级上相对地位的稳定性。

在分析过程中，弗里德曼发展出一个理论模型，把一个人在某一年的收入，分解成“恒常”（permanent）、“准恒常”（quasi-permanent）和“暂时”（transitory）三类。这种收入组合模式以比较简化的形式，构成了弗里德曼的消费函数理论专著中“永久性收入理论”的主要部分。即便到了21世纪，在研究收入、产出或其他随着时间演变的元素时，“恒常”和“暂时”都还是专业里的常用名词。弗里德曼特别强调，他对收入动态变化的分析，在相当程度上受到他的老师霍特林教授在1933年对一本书做出的评论的影响。

那本书的作者西克里斯特（Secrist）提出证据，声称企业在规模大小上有收敛（convergence）现象。霍特林指出：“所谓的收敛现象是统计的谬误，由分组方法所致。”西克里斯特把企业体依其早期规模大小分组，然后追踪这些分组在往后几年里的平均规模。这些平均值会有收敛现象。霍特林指出，若以最后一年的规模大小把这些企业体分组，就会出现发散（divergence）现象。

由于弗里德曼他们的数据包括观察同一个人连续数年的收入，如果他们只是单纯以初期收入的大小把收入资料分组，就有落入回归谬误（regression fallacy）之嫌。弗里德曼遂发展出比较繁复的分析方法。

半个世纪之后，弗里德曼在《经济文献杂志》（*Journal of Economic Literature*）1992年12月号发表了一篇短文《旧谬误不死？》，指出同样的谬误出现在一本1989年谈生产力的书中，以及杂志上有关这本书的评论中。他举证了此谬误的普遍程度，他写道：“例如，‘人人知道’工作机会的创造主要来自小型公司。这个命题或许为真，但是我所见到的证据是，按照公司初期规模对它们进行分类，并追踪其后的雇佣情况——这也正是西克里斯特所用的方法。我还没看到依照公司最终规模，或是相当时期的平均规模将收入分类而得到的资料。”

这篇短文发表几周之后，弗里德曼收到一位经济学家寄来的一篇论文的副本。这位经济学家和一位同僚曾替制造业检验这个命题，他们以一段时期的平均规模把企业进行分组，结果显示，“人人知道”这个命题并不正确。新公司开始时规模小，初期创造出不成比例的工作机会，但是新公司也很容易失败，因而又会摧毁掉不成比例的工作机会。结果是，在某段时期平均规模较小的公司，的确创造出许多新的工作机会，但是也摧毁了许多新的工作机会，因此它们创造或摧毁工作机会的净值，并不是影响雇佣人数的主因。

弗里德曼举这个例子是要说科学发展的过程迂回、随机变化，未必真确。霍特林的评论引起弗里德曼的注意，主要是因为它出现时，弗里德曼是霍特林门下的弟子。它对弗里德曼分析专业人士的收入起了相当大的作用，它也对弗里德曼的永久性收入理论有极大影响。不过，霍特林的洞见已被人遗忘，弗里德曼觉得应再度唤醒当今经济学者对其的注意，因为毫无疑问，未来还会再发生。

在 NBER 任职时，弗里德曼年轻又天真，他自以为是的表现曾引发争议，在指责美国医学会垄断医师执业权，使得在成本上升、医疗供应减少这件事上引发抗议风暴，幸赖米歇尔主任的折冲而化解。这让弗里德曼在多年后理解到，米歇尔在维护他们的科学研究自由时，能够坚定不移，又能有灵活的外交折冲技巧，是多么的难得。米歇尔还教导弗里德曼如何写作，让弗里德曼终生受惠无穷。

弗里德曼回忆说，有一次米歇尔读完他对初步结果起草的一份摘要后，走进弗里德曼的办公室，对他的文字质量批评道："如果库兹涅茨写得不够清晰，还有借口，毕竟英文不是他的母语，他到十几二十岁了才学英文。但是你没有借口，英文是你的母语。人们往往替自己写作拙劣找借口，说他们晓得要表达什么，只是表达有困难而已。这真是胡说八道。如果你不能清晰、毫不含糊地表达一个见解，就表示你不了解它。"弗里德曼谨记这个教诲，他发现，努力以清晰、毫不含糊的字句写东西，是找出他推理上的疏漏和错误并且澄清自己思想的最佳方法。弗里德曼在这方面也受惠于伯恩斯非常多，而伯恩斯就是米歇尔的学生、信徒和继承人，他对弗里德曼写的许多文章都提出过评论。

弗里德曼对他后来的许多学生，尤其是由他指导写论文者，都有同样严厉的教导。一个实例是，1954 年 5 月，弗里德曼在英国收到学生贝克尔（Gary Becker, 1930—2014，1992 年诺贝尔经济学奖得主）寄来的论文初稿，阅后，他写信给贝克尔道："10 个地方有 9 个地方你都写得很烂，这反映出你思考的紊乱。"弗里德曼相信贝克尔感谢他的教诲，一定不逊于他对米歇尔的感谢之忱。

1937 年 9 月，弗里德曼到纽约的 NBER 任职，不久就遇到他当哥伦比亚大学研究生时的好友金斯伯格。金斯伯格正在哥伦比亚大学商学院任教，在金斯伯格的介绍与安排下，弗里德曼应聘到哥伦比亚大学推广中心开一门初级经济学的课，那是他在 6 年前帮考试未通过的中学生暑期补课以来，第一次的正式教学经验。弗里德曼在国家资源委员会仍保有顾问职位，这也给他担任此教书工作带来了便利，因为这样他就可以在每周五夜间课务结束后，享受公务员的优待免费搭乘于翌日清晨到达华府的火车，周六上午可以到该委员会办理必须办理的工作，周六下午以及周日一整天都可与罗斯相聚，而于周日晚间又乘火车返回纽约。至于周六晚间的住宿问题也能得以解决，因他过去在华府居住时结识了年轻的克拉克夫妇（Lois and Ellsworth Clark），与他们有着非常深厚的友谊。当时，克拉克夫妇租了一间相当大的公寓，因有剩余房间就分租给弗里德曼，以增加家庭的收入。克拉克夫妇为人非常诚恳而热情，他们和弗里德曼建立了深厚的友谊。当弗里德曼回到纽约后，罗斯就递补他的空缺住进去，因而他们的关系就更为密切了。现在弗里德曼每周要回来一晚，自然也就可以在他们的公寓寄宿了。因此，弗里德曼在哥伦比亚大学教课也可以令他更加愉快了。

弗里德曼和罗斯除了每个周末可以相会之外，还有不断的鱼雁往来。这样的生活持续了一段时间，但这种安排终非长远之计，于是他俩就决定要在纽约结婚。由于罗斯认为她在联邦存款保险公司至少应做满 1 年，因而不能在 1938 年 6 月以前结婚，最后决定于该年的 6 月 15 日举行婚礼。同时，由于罗斯的坚持，为让其父母和弗里德曼的母亲都能高兴，必须采取传统犹太教正统派的仪式在犹太教堂举行。就在那一天，双方亲友大多从远方来给予这对新人祝福，两人也从此结束多次忍受别离的痛苦而永远生活在一起了。

在这段时间里，第二次世界大战爆发，弗里德曼很关心局势的发展，他在 1938 年 3 月 17 日给罗斯的信中这样写道：

我必须说，欧洲局势实在糟糕，世界已经快要崩塌了，而我们还坐在这儿担心平均数、标准偏差、专业人士收入。但是，我们又能怎么办？！

有一件事美国一定可以做，就是给政治难民提供庇护，我希望能有压力促使政府采取这种做法。但是这种提议必然立刻惹来大吼，认为我们必须先照料自己国内的失业人口……我猜我们也别无他法，只有自求多福，耐心等候必然的结果吧！

两天之后的另一封信中写道：

国外局势显然大大不妙。天晓得德国吞并奥地利后，会发展成什么状况，可能只会让德国人更傲慢吧！

由于欧洲出现战乱，许多外籍经济学家纷纷涌向美国。许多人到 NBER 拜访，也有许多学者到哥伦比亚大学的研讨会发表论文。其中一位名叫缪尔达尔（Gunnar Myrdal），他接受卡内基公司资助，正在研究美国的黑人状况，之后在 1944 年出版了《美国的两难困局：黑人问题及现代民主》（*An American Dilemma:The Negro Problem and Modern Democracy*）这本书。

弗里德曼与缪尔达尔有不少接触，他回忆说，当时的缪尔达尔是个相当温和的改革派，新政型的人物，不像日后那样极力主张成立一个广泛的社会主义福利国家，他是学术界主张“中道”（middle way）的最重要的人物之一，而“中道”是因为查尔兹（Marquis Childs）当时以它为题写了一本颇有影响力的书，以致瑞典政策被人冠上这样一个被弗里德曼认为不正确的名字。

缪尔达尔在 1974 年与哈耶克共同获得诺贝尔经济学奖，前者为左派，后者为右派。据弗里德曼推想，负责颁奖的瑞典委员会希望让缪尔达尔有这份荣誉，但又怕他是个极端的左翼人士，委员会将遭受抨击，因此决定把他与另一位一样颇负盛名的右翼人士并列为得奖人。后来，缪尔达尔公开表示，他错了，实在不应该在这种条件下接受诺贝尔经济学奖。不过，不论缪尔达尔获奖的真相究竟如何，这个荣誉对哈耶克可说是重振其学术生命的关键。当时已经年届七旬的哈耶克非常消沉，毫无生气，诺贝尔经济学奖等于给他注射了“强心针”。难以置信地，他又有了 15 年左右的学术佳绩，弗里德曼感性地说，若他的臆测属实，那么世界要感谢诺贝尔委员会忧谗畏讥，授予哈耶克此一荣冠。

到威斯康星大学任教

弗里德曼在从事威斯康星州的收入分配资料研究分析时，威斯康星大学的一些人对此也有兴趣，尤其一位财政学教授格鲁夫斯（Harold Groves）更感兴趣。他对弗里德曼在经济学和统计学方面的造诣甚为钦佩，于是起了聘请弗里德曼到威斯康星大学任教的念头。1940 年 2 月，格鲁夫斯写了一封信给弗里德曼，问他能否接受威斯康星大学经济学系副教授教职，年薪 4 000 美元。后经书信往返，格鲁夫斯又吐露此项任聘尚需他在系内多加努力。弗里德曼表示可接受 1 年的聘约，格鲁夫斯建议将聘约分两部分，一部分时间用来教课，另一部分时间则用来协助他主持的收入研究计划。最后经济学系决定以客座教授名义聘请弗里德曼，聘期为 1940—1941 年，每学期都必须在系里开两门课，其余时间用来协助收入研究计划。弗里德曼很想早一点开始到学术界发展，于是就这样答应前往威斯康星大学就任了。

到了威斯康星大学经济学系后，弗里德曼马上发现系中明显分为两派，由于他是格鲁夫斯介绍来的，就被归到格鲁夫斯所属的一派。另一派对于弗里德曼的到来，即便没公开反对，也表现得异常冷淡。在弗里德曼于威斯康星大学任教期间，只有两个家庭曾接待他们夫妇到寓所欢宴：一家是格鲁夫斯；另一家是系中唯一的犹太裔教授。虽然在系中并没得到热烈欢迎，但弗里德曼夫妇在威斯康星大学的生活也不孤寂，因为邻居都很热情，往来热络，而且经济学系的年轻教师、研究生和助教们对弗里德曼也很钦佩。弗里德曼的家一向开放，欢迎学生们登门，时常登门拜访、高谈阔论的有5位：一是海勒（Walter Heller），他日后出任约翰·肯尼迪总统和林登·约翰逊总统的经济顾问委员会主席；二是佩奇曼（Joseph Pechman），日后是民主党退休公职人员智库布鲁金斯学会（Brookings Institution）的财税专家；三是卡拉曼（Herb Klarman），日后成为医疗保健经济学领域里的杰出学者；四是布切尔（Henry Buechel），他在华盛顿大学任职多年；五是史蒂芬斯基（Ben Stephansky），他的事业多元化且杰出，曾出任美国驻玻利维亚大使、驻美洲国家组织大使，也当过就业研究中心（Institute for Employment Research）所长。

弗里德曼感慨地说，年轻研究生及助理的冲劲、能力，与许多资深教授的沉闷、缺乏做学问的兴趣，形成强烈的对比。后来，弗里德曼观察自己研究所学生的状况，对于许多人在学生时代及日后成为终身教授同样判若两人大为惊慌，于是他经常猜想，究竟在他们学生时代，他自己和其他教授们哪里教错了，或是日后他们任教时有什么遭遇，竟使许多前程似锦的学生、知识分子变成第二等、迂腐、毫无创新精神的教书匠！

海勒日后与弗里德曼经常在公共政策议题上看法相异，一度还就货币政策及财政政策交手，进行公开的激烈论辩。佩奇曼和弗里德曼也经常意见不同，但无碍他们的友情，直到1988年，佩奇曼致庆祝收入会议创立50周年筹备委员会的一封信中提到："1941年学期结束时，研究生在海勒带领下，向经济学系陈情，要求聘弗里德曼为教授。系方拒绝我们的陈情，威斯康星大学失去力劝弗里德曼留在麦迪逊的机会”。海勒和佩奇曼两人常喜欢对认为政治歧见必然代表感情交恶的新闻记者指出，他们在威斯康星大学曾经为弗里德曼扛过抗议的牌子。

到威斯康星大学经济学系一段时间之后，弗里德曼观察到该系的研究生和助教们的上进心都很强，但一般资深教授们却对学术的进一步发展兴趣欠缺。而且研究生们对该系中的缺陷都很明白，都希望弗里德曼可以长期留下来，他们的消息也很灵通，他们对于文理学院（School of Letters and Science）院长塞勒里（Sellery）提出要以副教授再聘请弗里德曼 3 年而无永久任期一案未获经济学系同意表示非常不满。于是，其中 17 位年轻教师与研究生联署，以书面申请向系方提出要求在经济理论和统计学增加课目，并希望弗里德曼能留下来，但系方却表示不满，认为是对他们职权的无理干预。

直到 1941 年 4 月，弗里德曼都不知他在威斯康星大学的前途如何，之后才知道院长原本提的是聘他 3 年副教授而且有永久任期，后为便于获得经济学系的通过才取消永久任期。弗里德曼获知此信息后，就在 1941 年 4 月 11 日给院长去函，询问若经济学系仍不通过将如何处理。院长告知即便经济学系不通过，他也会请校长将此案向董事会提出。后来校董事会于 5 月 26 日开会时并没讨论此案，因为弗里德曼已先告知有关方面，他不愿意卷入经济学系的复杂纠纷，接着在 6 月 2 日正式给校长去函，以“将参加国防相关研究”为名请校长向董事会收回该案。

关于弗里德曼聘案的校方态度的真相，显示在文理学院院长于 6 月 28 日写给米歇尔的信中："对我与校长来说，这都是一件很感歉疚的事。我们聘弗里德曼博士当副教授不能顺利通过。弗里德曼的工作和品格都是非常可敬的，他是一位君子与学者。不幸的是，他被卷入经济学系内两派的纷争中。系内最优秀的成员大都是要他留下来的，但是反对他的人则做了一些卑劣的宣传工作，这就使他决定不再接受我们的聘请。"

总括这场争议的起因有 3 个：一是经济学系中有些同事认为弗里德曼的到来可能会威胁到自己的职位；二是有些人认为弗里德曼的参与可能会影响他们想要将经济学系从文理学院转至商学院的企图，因为校长和院长都认为若经济学系并入商学院将成为附庸，这是很危险的；三是个人权力的欲念与反犹太主义的冲击，至少其中有两人是如此。

此外，还有一件事令商学院有些同事不满，那就是弗里德曼应格鲁夫斯之托写了一份建议书。他们对该建议书的标题就不满意，该标题是"从社会科学观点对威斯康星大学统计学的建议方案"（Proposed Program in Statistics at the Uiversity of Wisconsin with Special Reference to the Social Science）。他们对该建议书的最后几句话也非常不满，那是"一个学生不可能在威斯康星大学中受到充足的训练后就能有资格教高等统计学或在统计方法的领域从事独立的研究。甚至就算他将所有开出的课程都修完，他也不足以从事牵涉现代统计学的应用研究"。他们对于其中所提出的政策方案却只字不提。事实上，该建议书后来得到霍特林的大力支持，结果促成了许多大学，包括威斯康星大学在内，成立独立的统计学系。

总而言之，弗里德曼初次到大学教书就亲自领教到某些学术人士的作风，是“如何的小心眼，如何的不值得敬仰。越微小的问题，越可看出他们所玩的政治手段卑劣”。弗里德曼为自己庆幸及早得到教训，而且好在当时战争经济给了他机会，让他能有几年可以不回 NBER 而从事另一种非学术的工作。

联邦政府财政部的工作

1941 年 6 月，弗里德曼结束在威斯康星大学的教书工作后，因为先前已允诺参加一个研究赋税的暑期计划，该计划是在佛蒙特州的诺维奇进行，因而就直接到该地去了。此计划是哥伦比亚大学教授萧普（Carl Shoup）向卡内基基金会（Carnegie Foundation）和公共行政研究所（Intsitute of Public Administration）申请资助而进行的。萧普教授是著名的财政学家，是弗里德曼在 NBER 工作时认识的。该计划是研究如何以课税方式防止通货膨胀，由萧普主持，弗里德曼和 NBER 另一位女士马克（Ruth Mack）协助。

经由一个暑期的努力，他们完成了该计划，并将之提送至财政部参考，在 1943 年以《以课税防止通货膨胀》(*Taxing to Prevent Inflation*）出版。在此之前，弗里德曼从没参加过要利用总体经济理论来研究问题的计划，这次却需利用货币数量学说和当时新兴的凯恩斯分析（Keynesian analysis）来进行研究工作。所谓的“货币数量学说”是指“货币数量和物价水平有绝对的正向关系”，即货币数量增加，物价就上升，反之亦然。当时的弗里德曼认为，此说法太简单了，不足以说明事实真相，他就利用早期英国政府发表的白皮书所用的“通货膨胀缺口”（inflationary gap）这个概念来分析。

根据该白皮书记载，所谓的“通货膨胀缺口”是指“当充分就业时，如果政府要用更多的资源，人民就要减少使用资源。此种转移的资源数量相等，就不会产生通货膨胀。因此，‘通货膨胀缺口’就是‘政府支出中没有经由社会中另一些人减少同量的人力与物力的实质资源，而只是民间用剩的那一部分’。如果其间没有这种‘缺口’，政府也能得到实质资源的使用，就只有以涨价的方法‘逼迫’人民减少这笔资源的使用。”所以，为了防止通货膨胀，弗里德曼认为必须经由赋税的课征来减少民间的需求，让此减少的数量等于政府需要的增加数量。由此可知，这个时候的弗里德曼还不是一个唯货币论者（monetarist），而是一个“受到当时流行的凯恩斯观点影响”的学者。

不过，源于这个研究计划，弗里德曼获得财政部的邀请，随同萧普教授进入财政部服务，成为赋税研究司（Division of Tax Research）的重要经济学者。这个时候的弗里德曼深深感受到“战争虽正在国外进行，美国却很可能被卷入，在财政部服务要比回到 NBER 更有意义”。事实上，不久之后，珍珠港就在 1941 年 12 月 7 日受到日军袭击，美国对日宣战并参与第二次世界大战。这时的华府就像罗斯福新政时期一样，再度成为一块磁石，吸引了许多像弗里德曼这样的学术人士前来服务并参与国政大事的研讨会议。据弗里德曼的亲身体验，这前后两个时期的华府的气氛非常相似，大伙都很兴奋而且乐观。弗里德曼的许多罗斯福新政时期的朋友几乎都重聚在一起。以弗里德曼自己来说，最大的不同是，新政时期他只做些统计学上的经济学的技术性工作，这次到华府则接触到政府政策的拟订和决定。这两次在华府的经验，都对弗里德曼往后的事业产生了重大影响。

至于弗里德曼的夫人罗斯，自从与弗里德曼到威斯康星之后，就再没有担任职务，夫妻俩都认为子女对一个家庭来说是很重要的，当时就在期待子女的来临。有了小孩后，罗斯就要全力抚育子女，原本要写的博士论文也自然搁置下来。他们的第一个女儿珍妮特在1943年2月26日出生，是当时产房里最漂亮的女婴，罗斯也在此之后就由一位经济学家转为全职母亲。

再回到弗里德曼在财政部的工作情况，那是他第一次参与政府政策的实际拟订，第一次接触这样的问题：如何能使立法得到国会的通过？如何准备对国会的证词？如何为别人撰写讲稿？如何在国会相关委员会中作证？弗里德曼亲身领悟到华府对于知识分子的吸引力，即知识分子能感到自己是在掌握一个国家的命运，是在品尝令人兴奋的政治过程，同时也体验到操纵玩弄、无诚无义与自利追逐也是这一过程中的一部分，公共利益的无私倡导者与自己利益的追寻者，总是不易分辨清楚的。

弗里德曼在那几年里所获得的经验，使他以后总会劝告他的研究所学生，尽量设法到华府去消磨几年，但只能待个两三年，否则就会沉溺于其中而不可自拔，就不可能再回到学术界来了。

弗里德曼举例说明此情况。1941年春，为了控制通货膨胀，罗斯福总统下令设了一个OPA（Office of Price Administration，物价管理局），由当时颇负盛名的亨德森（Leon Henderson）任局长，加尔布雷思（John Kenneth Galbraith）任副局长，底下还延聘一些著名的经济学家，如斯蒂格勒、萨伦特（Walter Salant）和斯坦（Herbert Stein）。当时，弗里德曼在财政部提出一个要阻止通货膨胀所需增收税额的估计，为了集思广益，他邀请 OPA 与美联储中的经济学家也提出估计，结果 OPA 所提出的估计要比财政部所提出的少得多，尽管两者都采用凯恩斯的方法，结果却差异很大。

当时 OPA 正在国会要完成立法手续以取得法律地位，到 1942 年 1 月手续完成后，就在 2 月初重提一个关于所需增加税额的估计，新的估计额比财政部所提的增加不少。为何 OPA 前后两次的估计会相差这么大？这是因为 OPA 的经济学家也和一般经济学家一样，都知道真正要阻止通货膨胀，必须要让消费者手中的现金减少，也就是要课他们的税。OPA 第一次的估计特别少，是为了说明物价管制功能的重大，而增税所产生的效力有限，不足以担负重任，所以需要有物价管理机构的出现。在该机构立法通过成立后，就可按理主张尽量增税，以利其完成职责。由此可见，OPA 这群人所关心的是自己的权力，并非公共利益。在弗里德曼看来，这些对于估计的操纵，都是单纯的不诚实。

关于课税对防止通货膨胀的重要性，1942 年 5 月 7 日，弗里德曼第一次在国会作证时明白地表示："现在通货膨胀对于物价所产生的压力已经很大……如果通货膨胀要被制止，此压力就必须以限制消费者的消费政策来消除。课税是最重要的方案，除非迅速地严加运用，否则只用其他方案是不可能阻止通货膨胀的。"他也发现，"这一论断的最显著特色，是彻底地抱持凯恩斯的观点。我甚至没提到'货币'或'货币政策'，除课税之外，我所提的其他阻止通货膨胀的方案只有物价管制的配给、消费者的信用管制、政府支出的减少以及战时公债运动的推行"。这些都显示弗里德曼当时是个彻底的凯恩斯主义者，但战争结束不久，他就修正了自己的观念，而且成为反凯恩斯主义者，于是有些人就说他“腐化了”。

自从第一次到国会作证后，弗里德曼就成为国会的常客，因而对于接触到的参议员的作风、品性与学力也有所体认。最先让他得到重大教训的是康纳利（Thomas Connally）参议员对他的提醒。康纳利是当时国会多数党领袖，问弗里德曼为何要做一个详细的修正方案，弗里德曼完全以学术的态度加以说明，譬如“这有三个原因，第一……第二……”当他还未讲完，康纳利就打断他的话而说了这样一句话：“年轻人，一个好理由就够了！”

弗里德曼认为塔夫脱（Robert A. Taft）参议员最让他钦佩。当时国民收入会计是一个新的概念，而它在赋税研讨时扮演了重要的角色。塔夫脱要求财政部派相关人员就此概念跟他解释。弗里德曼就被指派担任此角色，因而让他对塔夫脱这位曾四度想成为共和党总统候选人而未遂的著名参议员之才识有所了解。弗里德曼觉得塔夫脱是一位优秀的自学者，其学识、才能可以和弗里德曼曾有密切接触的政治人物中最出色的尼克松（Richard Nixon）相媲美。弗里德曼认为塔夫脱可以成为任何一所大学教授群中的杰出者。

与塔夫脱相反的是弗拉特（Robert M. La Follette Jr.）参议员。弗拉特的父亲是威斯康星州最著名的参议员，许多有关社会经济的重要法案都是他提出的，对于美国的发展有莫大影响。他长期担任威斯康星州参议员，在任期内逝世，他的儿子就被选为接替者，以完成其父所遗下的未满任期。当任期满而改选时，弗拉特再参选而顺利连任。弗里德曼遇到弗拉特时，弗拉特已是连任三次的资深参议员了，但弗里德曼觉得他只是依赖其父的遗荫而已，因为就他的才智而论，只是二流角色。

弗里德曼有时也会被指派帮财政部部长摩根索（Henry Morgenthau Jr.）写演讲稿，这是他唯一的代写经验，也是很有教育意义的经验。弗里德曼必须将复杂的技术性数据，以一般人都听得懂的文字写出来。

弗里德曼在财政部的职责是研究如何改革税制以协助筹措战费，因而与部长的接触非常频繁，甚至还得陪部长到国会作证，他觉得部长是个品格高尚、操守严正、对总统绝对忠诚的人物。摩根索部长是罗斯福总统的亲密朋友，在罗斯福当纽约州州长时就曾当过多种职务。他在 1933 年随罗斯福来到华府，于 1934 年 1 月就任财政部部长，直到 1945 年 7 月罗斯福去世后才辞职，在美国历史上任财政部部长的时间是第二长的。弗里德曼发现摩根索的学术能力很有限，很纳闷这样一个才能薄弱的人竟能居重要的高位。弗里德曼之所以认为摩根索学术才能浅薄，是他陪摩根索到国会作证时，发现摩根索坚持所有听证会中都必须有人坐在后面支持他，当被问到具体问题时，他时常要下属代答，有一次众议员或参议员就说："部长先生，我要知道你的意见，不是你的部属的意见。"

美国财政部和美联储的要员们定期一起吃午餐，其中就包括摩根索部长和美联储主席伊寇斯（Marriner Eccles）。伊寇斯和摩根索都是罗斯福的亲信，但是两人的对比却非常显著。摩根索很少说话，最多说些客套、无害的话；伊寇斯则抢话说，口齿清晰，对任何议题都能侃侃而谈，并且见解透彻、学识渊博。他很明显有独立的见解，敢毫不迟疑地表达不合正统的意见。弗里德曼对他很敬仰，对他的才智也十分佩服，不过他的喋喋不休的确有点讨厌，他的政敌刻薄地攻击他，说他“话多不绝仿如下痢，主意不通又如便秘”。伊寇斯自1934年11月被委任美联储主席到1951年7月辞去理事，一直都是美联储的要角，他的特立独行导致他在杜鲁门（Harry S. Truman）总统连任成功后，与杜鲁门发生冲突，杜鲁门在1948年4月拒绝再任命他为主席。虽然卸下主席之职，伊寇斯还留在美联储。1951年，他对杜鲁门干预本应该超然独立的美联储颇为不满，遂于某个星期天，趁所有的美联储银行及其他政府机关都不上班的机会召开记者会，揭露白宫最近召开的一次会议。依照伊寇斯的观点，杜鲁门在会中不当地坚持了美联储的变更政策。伊寇斯因此辞职！

摩根索的才识有限，意味着他必须极端依赖顾问和部属。许多人不愿意部属比他能干，摩根索却没有这种性格缺陷，他身边有一群非常能干的部属，几乎从他接任财政部部长开始，他就非常倚重芝加哥大学教授维纳，请他当外界顾问，维纳也推荐一些干才到财政部任职，其中有些人虽然能力高强，却因思想左倾，成为有高度争议性的人物。

摩根索在财政部内最看重的顾问是金融研究处处长怀特（Harry D. White）。怀特在加入财政部之前，是威斯康星州劳伦斯学院经济学教授，在当金融研究处处长后，成为部长的亲信顾问，和部长建立了亲密关系。弗里德曼记得有一次在部长室开会，大约十来人参加，怀特和部长意见不同，由于意见不一而讨论激烈，怀特突然起身，脸色铁青地说："我最好先退席，免得说出不该说的话。"然后他就冲了出去，气氛像小学生吵架似的。

弗里德曼记得在 1942 年的夏天，他与他所参与的赋税研究所提出一种支出税（spending tax），以补收入税的不足，并替代提高一般税率的建议。凯恩斯曾在 1940 年出版《如何支付战争费用》（*How to Pay for the War*），他在其中提出一个建议，就是推行"强制储蓄"，等战争结束后才偿付。其目的就在于降低民众战时的购买力，扩大战后的购买力，以防止战后经济衰退。怀特和财政部里的一些人非常赞赏这两个点子，他们提出结合两种观点的新奇方案：以支出而非以收入为基础，向大众汲取资金，而且把部分经费当成"强迫储蓄"，而不是当税款看待。但税务研究组的人发展出"支出税"的概念，强烈反对把这两个新奇的构想合二为一。

1942 年 9 月 2 日，也就是弗里德曼他们要向参议院财政委员会提出支出税方案的前一天，争论尚未解决，部长乃召开特别会议来解决，约有 17 人出席，经过一番讨论后，部长要大家表决，结果是 16 票赞成提出支出税方案，只有怀特这一票主张部分"强制储蓄制"。不过，这一票在摩根索部长心中的分量非比寻常，他批示提出部分强制储蓄制方案。结果是，这个提案到处碰壁，惹来讪笑，被认为是一毛钱税也课不到的新奇构想，而财政委员会各位委员也认定该方案是"馊主意"！

大家公认怀特是“摩根索计划”的构思者，该计划倡议“把德国转化为以农牧业为主的国家”。此倡议在1944年9月被暂时采纳，但后来被另一个较温和的方案取代。怀特还有另一项贡献。1944年7月举行的布雷顿森林会议（Bretton Woods Conference），宣布成立国际货币基金（International Monetary Fund，简称IMF）和国际复兴开发银行（世界银行，International Bank for Reconstruction and Development或the World Bank）这两个机构。怀特和凯恩斯是会议上的两个主角，怀特计划和凯恩斯计划各擅胜场，最后两人的提案都成为国际货币基金组织和世界银行成立的基础。

怀特在战后调查共产党人势力的过程中，成为一个高度争议性人物。若干证人在众议院“非美活动委员会”（House Un-American Activities Committee）中提到怀特是共产党员或是同情共产党的人。钱伯斯（Wittaker Chambers）在其自传《证人》（*Witness*）中提到，他与怀特经常碰面，也由怀特那里得到情报，但怀特不是共产党员，只是一个同路人而已。

就弗里德曼来看，怀特非常能干、机智，但不够渊博。怀特在短时间内略微思索任何一个议题之后，可以比任何有资格探讨此议题的人提出更棒的分析，但是3天之后，他的分析依然不变，别人却已更加深入地探究底蕴。弗里德曼相信怀特太重视独立自主，不会是共产党员，但是他也不会在犹豫不决的时候就把机密数据泄漏给共产党员。弗里德曼认为他当然动机良善。怀特对自己的判断力有极大的自信，如果认为把机密数据交给苏联人符合美国利益，他不会因为上司意见不同，就不去做。某些比较不重要的事若是外泄给媒体知道，财政部的一般下属共同的看法是，一定又是怀特走漏了消息。

怀特数度遭众议院“非美国活动委员会”召唤出席作证，他全都坚称无辜。1948 年他又遭传唤，在这之后 3 天，他心脏病病发而猝死。怀特的家人认为这是因为听证会太过冗长、压力又大。

弗里德曼在财政部提出的税务改革意见相当多，其中对后来产生最大影响的是“个人收入税的税源扣缴制”（withholding at source）。弗里德曼当时之所以提出“个人收入税的税源扣缴制”完全是为了充裕税收，以应战费所需，后来果然达到目的。不过，没想到在战争结束以后，这使政府可以有丰裕的收入去从事其职权的扩张，扩张到成为一个让弗里德曼“要严厉批评的太庞大的、太侵扰的、太破坏自由的机构”。

纽约的战时岁月：参加“统计研究小组”工作（1943—1945 年）

1943 年，所有能对战事有所协助的财税改革工作大致上都已做完了，这时弗里德曼的挚友沃利斯邀请他到哥伦比亚大学“统计研究小组”担任副主任。该小组于 1942 年成立，是动员科学家从事战时工作的大方案中的一部分，沃利斯担任主任。弗里德曼答应帮忙，这样他就结束了在财政部两年的工作，他唯一的遗憾是因而就没有机会参与战后国际金融重建计划的研讨了。如果弗里德曼仍留在财政部，那么他很可能会参加在布雷顿森林举行的国际会议。

“统计研究小组”是哥伦比亚大学的战争研究部（Division of War Research）中的一个单位，是政府中的科学研究与发展局（Office of Scientific Research and Development）的附属机构。霍特林教授是学术上的领导人，也是该小组的行政主任。该小组的任务是要动员科学家在统计上直接协助军事行动的进行，其服务的对象是陆军部、海军部、空军司令部、海军陆战队等。由此可知，弗里德曼在战时所担当的角色从一位经济学家变为统计学家。同时，他对战争的贡献也明显要比在财政部工作时大得多。既然弗里德曼不愿直接参军，那么这应是他最好的选择，他是在 1943 年 3 月 1 日到纽约上班的。

弗里德曼参加统计研究小组之后，接触到许多杰出的人士，有他的老师霍特林，有他的知己沃利斯和斯蒂格勒，有他在哥伦比亚大学的同学，还有十多位不是经济学家（大多是数理统计学家和数学家）。弗里德曼从他们的工作中学了不少东西，而他自己在工作中也有一些贡献，其中最主要的是他提出了“序列抽样”或“系统抽样”（sequential sampling）概念。

一般而言，对战时军需品生产的抽样检查要选择既定数量的样本，这很明显是在浪费精力。事实上，检定过程本身就可提供信息让我们可以决定已经达到的信赖水平。因此，与其不断检定一个固定数量的样本，不如在检定到所预定的信赖水平已达到时就停止。于是，弗里德曼就提出序列抽样或系统抽样的概念。这引起瓦尔德（Abraham Wald）的兴趣并做研究，于是瓦尔德写出了一本影响力非常大的著作《序贯分析》（*Sequential Analysis*），而这种思想也很快被采纳，序贯分析从此成为质量管理检查的标准方法。

1945 年 8 月 15 日，日本无条件投降，统计研究小组的任务也跟着结束了。弗里德曼认为自己在数理统计学上的造诣也已达到最高峰，此后即走下坡路。他觉得自己经历了一段空前绝后的生活，因为该小组中所有同人的用心都非常单纯，都是在寻求一个共同目的的达成，即谋求对战争力量的增加有所贡献。小组内部很少有纠纷，很少有自利操作，大家的精力都集中在各自任务的努力完成上，这些情况是在弗里德曼过去所加入的以及以后要加入的机构中从未有过的。

在弗里德曼新交的朋友中，最令他钦佩的是萨维奇（L. Jimmie Savage）。萨维奇是一位天才且有重度残障，他的视力很差，但看书却很勤快。当他中学毕业后，学校不愿推荐他上大学。在父亲锲而不舍的努力下，萨维奇终于进入大学，后来在一个数学分支学科拿到博士学位，参与统计小组后，成了数理统计学家。战后，萨维奇在芝加哥大学教书，夫妇俩和弗里德曼私交甚笃。后来，萨维奇转到密歇根大学执教，其事业生涯止于耶鲁大学。他于 1971 年去世，年仅 53 岁。

萨维奇有异常广泛的好奇心和想象力，整个世界就是他的天地，他下定决心要尽可能地去体验它。弗里德曼提到，有一次萨维奇和北极探险家合作，他几乎什么都不吃，只靠干肉饼生活，他坚持了6个月左右，目的是为检验干肉饼能不能提供充分均衡的营养。统计研究小组发表了许多纯统计学的论文，弗里德曼曾和他合写这类论文，他俩也合写过许多经济论文，后来提出了人们所说的“弗里德曼－萨维奇效用函数”。萨维奇的最大贡献是撰写了《统计学基础》(*Foundations of Statistics*)这本书，这本书被公认为在数理统计领域掀起了革命，也为后来所谓的“贝叶斯统计”(Bayesian statistics)的崛起奠定了基础。

统计研究小组到1945年9月30日才正式解散，斯蒂格勒早在几个月前就回到他原先任教的明尼苏达大学(University of Minnesota)；沃利斯需要多留一些时日，但几个月后也回到他原先任教的斯坦福大学(Stanford University)；弗里德曼可以回到财政部工作，但他绝不愿以政府工作为终身职业，他也可回NBER工作，但那也不是他所热爱的工作，他想要的是一个学术生涯。后来伯恩斯夫妇来安慰罗斯，要她不必担心，弗里德曼一定会成为一个顶尖人物。罗斯表示她毫不怀疑弗里德曼的才识，但当时他们已是一家四口了(他们的儿子大卫已于1945年2月12日出生)，必须有一个可以长期落脚的地方。不久之后，经由斯蒂格勒的帮助，明尼苏达大学给了弗里德曼一年的聘约。弗里德曼夫妇就欣然携带两个小孩前往明尼苏达大学，就这样，弗里德曼从此开始了他一直以来所憧憬的学术生涯旅程。

明尼苏达大学的日子

1945年秋，弗里德曼应聘到明尼苏达大学就职。虽然他曾在1941年赴威斯康星大学任教一年，但到校不久就被卷入经济学系内部的派系之争，因而见识到大学教授生活丑陋的一面，没有尝到教授生活的乐趣，因此这段经历只能看作一生中一段不愉快的插曲，不是学术生活的真正开始。到了明尼苏达大学后，他一开始就体验到友善环境的愉快氛围，除好朋友斯蒂格勒夫妇外，弗里德曼夫妇很快地认识了系中的其他成员，有年龄相近的，也有比他们年长的。

弗里德曼每学期开两门课——统计学和经济学，学生以大学生为主。不过，明尼苏达大学当时已在经济学上有相当高层次的研究生课程，之后扩充了更多的课程。弗里德曼原本就认识几位明尼苏达大学的经济学家，很快地也与其他人熟识了，系里的气氛与威斯康星大学截然不同，没有派系，人人友善。

弗里德曼和斯蒂格勒共享一间研究室，他俩在芝加哥大学当研究生时就是好朋友，合用研究室后更亲密、交情更深，直到1991年斯蒂格勒离世，他们都一直保持着深厚的友谊。斯蒂格勒是个可爱的同僚，是能相互砥砺的谈话对象，也是经常能提出建设性意见的评论人，他和弗里德曼是生活、呼吸和睡眠都与经济学结为一体的人。

在明尼苏达大学这一年，他俩合写了一本抨击房租管制的小书《屋顶或天花板》(*Roofs or Ceilings*)。这本书的书名就是双关语，意味着在我们头顶上的屋顶（roofs，住宅）或房租的上限（ceilings，天花板）之间，我们可以有选择。施建生教授对此书名予以诠释，第一个字“roofs”可直译为“屋顶”，第二个字“ceilings”不是真正地指天花板。美国因为在战时要控制物价，于是为每种商品都定一最高价进行限制，这一高价正如一间房子的天花板一样不能再高了，因此这一限定的最高价被称为“ceiling”，可译为“限价”。此题目也可以是“你是要有房子住呢？还是要限房价（租）？”那是斯蒂格勒的点子。第二次世界大战期间实施的物价管制中就包括了房租管制，从 1943 年开始，直到 1946 年 9 月经济教育基金会把他们这本小册子收入《当前问题文集》第一卷第二号出版时，房租管制仍然存在。该题目的确受到瞩目且引起热议，基金会把该书的缩编版提供给全国不动产协会联合会，该联合会在发动反对房租管制运动时，将它印发了约 50 万册。

这本小书让弗里德曼初尝了公众争议的滋味，《美国经济评论》（*American Economic Review*）刊出一篇不友善的评论，执笔人班斯（Robert Bangs）把“这本文字优美、推理严谨、大受欢迎的小册子”称为“政治书”，且在《美国经济评论》中撰文抨击说：“署名的经济学家如此信口雌黄，对他们的专业绝对无益。”还有一位不友善的记者撰文说：“如果你们的学生读完这本小册子，仍然尊重你们的意见，那么我真要为他们（而非你们）感到遗憾。”

该本小书还惹出另一个非比寻常的争论。经济教育基金会由里德（Leonard Read）创立后不久，弗里德曼他们就与里德时有来往，但第一次合作却风暴频生。里德及其副手瓦兹（Orval Watts）强烈反对书中的一段话，并要求删除，认为这句话可被解释为“本基金会支持某一集体主义理念，而我们实际上非常厌恶集体主义理念”，这段话的翻译如下：

在自由市场下，较优的住屋是会被收入和财富较多的人占有的。这一事实如果有任何意义的话，就正是说明了要减少对于收入与财富的不平均状况，是必须采取长期措施的一个理由。在一些像我们这样认为现状还要更平均的人看来，不只是住屋，而是所有产品，对于目前的收入与财富的不平均的状况来说，如果直接从其产生的根源入手处理，必定比对于各种构成我们生活的商品与劳务个别加以分配要好得多。听任个人收到不平均的收入，然后采取烦琐的措施，以限制他们使用自己的收入，这是极端荒谬的。

弗里德曼和斯蒂格勒拒绝删除，而且表示宁可退回微薄的稿酬、收回原稿，也不可删除。最后，这段文字未被删除，但在此段文字之后，另加了编者的注解：“作者没有说明他们所谓的‘长期措施’是否超越特权之外。例如，是否超越现在由政府保护的垄断这种特权之外，但是无论如何，他们对于这点意见的重要性是值得注意的，它的意思就是从那些将平等（均）置于正义与自由之上者的观点看来，房租管制也是荒谬绝伦的。”

他俩都认为这一注解实际上是控告他们是置平等高于正义与自由的，因而他俩认为该注解是不可原谅的。因此，他俩就决定从今以后绝不与该基金会或里德来往。不过，后来弗里德曼在出席朝圣山学社（Mont Pelerin Society）会议之后，被困在巴黎的欧里机场，巧遇里德也在等候同一班飞机，经过几小时的共处，彼此化解了争执，言归于好。后来，弗里德曼发觉里德是个风趣、坚守原则的人，两人此后一直保持友好的关系。

里德在20世纪30年代末担任洛杉矶商会秘书长，认为罗斯福总统推行的“新政”使政府日益干预经济活动，已违反自由原则。他在第二次世界大战结束前设法募足基金，在纽约成立了经济教育基金会。在他的领导下，该基金会成为当时罕见的对自由社会（即经济自由、社会自由、政治自由）有原则且有效率的维护者。里德对他坚信的原则绝不妥协。即使主要的捐献人反对他坚决维护全面自由贸易的信念，他也绝不屈从于这些捐献人，他最擅长主办由企业界人士参加的研讨会。

经济教育基金会也大力资助奥地利著名经济学家、奥地利学派重要领导人米塞斯（Ludwig Heinrich Edler von Mises），他在移民到美国后，坚决为自由市场和自由企业辩护，以致任何主要大学都不肯聘任他。米塞斯在纽约大学主持一个著名的讲座，这一讲座是由民间赞助的，并非由大学出资赞助。

里德除了替自由市场大力宣传之外，也是个美食名厨，他好几次到弗里德曼在芝加哥的家中做客，并亲自展示厨艺，让弗里德曼夫妇和其少数好友品尝佳肴。

房租管制不论在美国、加拿大、英国、法国或其他国家实施，都产生了弗里德曼和斯蒂格勒预见的破坏效果。因而，这使他们那本小册子洛阳纸贵，不断再版发行。

1949年，美国停止物价管制，房租管制也宣告中止，但地方政府有权自行决定是否继续维持房租管制。尼克松总统于1971年8月15日颁布《物价工资管制条例》时，也曾一度恢复房租管制。1971年年初，弗里德曼在《新闻周刊》写专栏，其文章以这本小册子的书名为标题，文章指出："纽约市有其一贯的自我毁灭本能，是全国唯一仍然管制房租的大都市。"20世纪70年代，通货膨胀来势汹汹，不少美国城市纷纷实行房租管制。

1979年，在旧金山正在考虑推行房租管制时，弗里德曼说服《旧金山纪事报》重登他在《新闻周刊》发表的那篇文章，并加上一段如下的按语：

身为旧金山的新市民，我很惊讶地听到本市即将立法实施房租管制。鉴于其他城市及国家的经验，以及文献大量记载房租管制之弊，我相信，除骗徒及傻瓜之外，任何人即使粗略了解这些实证，都不可能投票支持在本市实施的房租管制。

房租管制不仅将伤害到本市，也将伤害到本市较不幸运的和最贫穷的市民。就我个人利益而言，我拥有一户合作公寓（cooperative apartment），房租管制势必会造成住屋匮乏，也必然会为合作公寓价格上涨推波助澜。因此，我或我的继承人将因实施房租管制而在财务上获得暴利。

旧金山市议会的议员虽然不是骗子，也不是傻瓜，却不能忘掉政治利益，还是批准实施房租管制。当然，我的公寓市场价值将大涨。

弗里德曼在明尼苏达大学的聘约只有1年，但在学年结束以前，校方征询弗里德曼，是否愿意以副教授并有永久任期的职位继续在明尼苏达大学任职，弗里德曼答应了，夫妻俩已有在该校长驻下去的计划。但人算不如天算，1946年春天却出现了意外的变化。这是由芝加哥大学想要聘斯蒂格勒担任教授而引起的，借用斯蒂格勒在他的回忆录中所写的话来说明：

1946年春天，我接到芝加哥大学想要聘我为教授的邀约，我当然对这一邀约感到非常喜悦。这一邀约能否成真需要我与学校当局面谈。我也就去了芝加哥大学与校长科威尔（Ernest Colwell）面谈，因为校务长赫钦斯（Robert Hatchins）那天身体不适。结果我被否决了！科威尔说我太重视实证（empirical）了，无疑，那时的我确实如此。因此，这一教授职位就给了弗里德曼，科威尔校长和我就这样启动了一个新的芝加哥学派的创立。我们俩对于那次聘请的完成都有功劳，虽然我有很长一段时间都不愿与科威尔分享这一功劳。

在此顺便提一下斯蒂格勒的动向。他在1936年离开芝加哥大学到爱荷华州立大学担任助理教授，1938年获芝加哥大学博士学位后，就转赴明尼苏达大学任副教授。1945—1946学年升为教授，其间，他请假10个月到纽约“统计研究小组”服务，在该学年中期返校。如今，既然芝加哥大学不聘，斯蒂格勒就转至布朗大学任教 10 年，之后又转赴哥伦比亚大学任教 10 年。而斯蒂格勒为何没得到芝加哥大学的聘约，也曾经引起一些谣言与猜测。根据斯蒂格勒的儿子史蒂芬（Stephen）的分析，按照常理，科威尔校长不可能反对经济学系的要求，除非系中有最权威的人物反对。当时，有个由一群计量经济学家所组成的考尔斯委员会设在芝加哥大学经济学系，这一委员会很重视以数理方法去研究经济学。其中有个重要的人，即马夏克（Jacob Marshak），他是该会与经济学系合聘的教授，他认为斯蒂格勒不够数理化，不足以担任教授职务。

返回芝加哥大学任教

弗里德曼夫妇虽然在明尼苏达大学的生活很惬意，但能回到母校芝加哥大学自然会感到非常满足。不过，能有这样的机会显然是由于斯蒂格勒，但斯蒂格勒却从未认为这对他们的亲密友谊有丝毫影响，由此可以看出斯蒂格勒的气度宏大。不过，这次芝加哥大学的拒绝聘任对斯蒂格勒内心的打击是很沉重的，这从他之后数度拒绝芝加哥大学延揽的事实可以充分看出。1958 年，沃利斯在担任芝加哥大学商学院院长时，向斯蒂格勒提供了一个待遇非常优渥的讲座教授职位，才将他引回芝加哥大学。

还有一件事让弗里德曼夫妇感到愉快，那就是罗斯的大哥亚伦也在此时从华府回到芝加哥大学，并成为法学院中的第一位经济学家，担任该院的专职人员，并接替西蒙斯在该校教授的课程。西蒙斯在暑期中服安眠药过量而去世，但从种种迹象看来，这显然是一种自杀，实在可惜。

弗里德曼回芝加哥大学是接维纳的空缺，教授原先维纳在研究所开授的经济理论课，而维纳已转赴普林斯顿大学（Princeton University）任教。弗里德曼和维纳的体型相似，个子都不高，肩膀宽，都不瘦。如果你初见他们时他们是坐着的，那么等他们站起来时，你就会讶然发现他俩的确不高。他们的头脑也很相似——敏锐、精准、有逻辑、有条理，但他们的性格却十分不同。

参加第一次朝圣山学社大会

1947 年 4 月，弗里德曼出国到瑞士参加朝圣山学社成立大会。弗里德曼表示，那次的朝圣山之行以及日后他与该学社的关系，在他一生中都十分重要。该学社的创始社员有 38 人，其中有 3 人来自芝加哥大学（奈特、亚伦和弗里德曼），另有两人日后也加入芝加哥大学任教（哈耶克和斯蒂格勒）。

这次出国，弗里德曼得以结识经济学及其他领域的杰出学人，还与有些人成为亲密朋友，这也加强了他对政治哲学和公共政策刚刚萌生的兴趣。这些效应在日后都一一发酵，代价是与家人长久分离，那是截至当时他与家人最长的分离时间。芝加哥大学富有弹性的工作时间以及系上同人乐意配合调课的友谊使弗里德曼毫无困难地出门 6 个星期。

弗里德曼受邀参加朝圣山学社是由亚伦引荐的。亚伦在伦敦政治经济学院游学一年时结识了哈耶克，他还向芝加哥大学出版社推荐出版了哈耶克的重要巨著《通往奴役之路》。亚伦也是哈耶克安排的该大会的咨商者，弗里德曼和斯蒂格勒因而受亚伦之邀出席，而且全程免费，为期 10 天（1947 年 4 月 1 日至 10 日）。这场盛会在瑞士朝圣山举行。

弗里德曼、斯蒂格勒和亚伦三人搭乘已解除战时服役的“伊丽莎白女王号”邮轮赴欧洲，他们在南安普顿下船，转往伦敦。大战已结束两年，英国仍未完全复原，食物按配给发放且质量差，物价、工资及外汇严格管制，但百姓普遍遵行。黑市的确存在，但规模小，又掩饰得宜。

他们的第二站是巴黎，情况截然不同。巴黎食品好，也有英国欠缺的活力感。他们离开巴黎时，斯蒂格勒总结了他的印象："我现在晓得英国人、法国人和美国人的差异了。英国人遵守所有的法律，法国人不遵守任何法律，美国人只遵守良法。"英国人宁可守法而受苦，法国人却因黑市而没受苦受难，斯蒂格勒就这样做出了这个简洁的论断。

弗里德曼对第一眼见到欧洲兴味盎然，但仍觉得朝圣山的景色最为怡人。弗里德曼这个年轻、没见过大世面的美国人，与来自全世界的人见面，他们全都信奉自由派信念，在自己国家都倍受欢迎，有些已是知名学人，有些是新起之秀。与这些人结交，使弗里德曼觉得生命充实，并且还能参与创办一个学社，在维护及强化自由派理念上扮演重要角色。

多年之后，参与成立大会的知名新闻工作者达文波特（John A. Davenport,《时代周刊》总编辑）对该次大会有这样的报道：

在瑞士沃韦（Vevey）的车站站台上，一辆小缆车正驶上山腰。当我跳上缆车时，我隐约感觉到将有新鲜的兴奋事等着我。

果不其然，就朝圣山学社第一次大会而言……它的确是一次奇特的会议，也是许多与会人士生命的转折点。

当时 50 多岁的哈耶克，还喜欢叼一根烟斗；奥地利经济学派的宗主米塞斯，他也是提携哈耶克的前辈；马赫卢普、哈伯勒以及和蔼可亲的拉帕德（Jovian William Rappard）校长主持了好几场激烈的讨论会；日内瓦的勒普克（Wilhelm Ropke）在会中与弗莱堡大学（Freiberg University）的欧根（Walter Eueken）联合提案，促成1948年德国的币制改革；牛津大学的朱克斯（John Jewkes）著有《计划的考验》（*Ordeal by Planning*）。还有矮小的哲学家和逻辑学家波普尔（Karl Poppor），还有即使任职《纽约时报》却仍不屈不挠替企业发声的亨利·黑兹利特（Henry Hazlitt），以及几位后来以芝加哥学派代表人物著称的学人——奈特、亚伦和弗里德曼。当然，此时的弗里德曼距他的《自由选择》（*Free to Choose*）中的思想仍有一段距离。

弗里德曼说他印象最深刻的一位人士是德国的欧根，弗里德曼对他在吃到七八年来第一颗橘子的那种喜悦神色印象深刻，这也鲜活地印证了活在集权主义国家，以及饱受战乱并且遭到强权施加严格控管之下的可能经历。欧根反抗纳粹的勇气成为传奇故事。欧根是艾哈德（Ludwig Erhard，第二次世界大战后，他在西德总理艾德诺内阁中长期担任经济部部长，在艾德诺逝世后，继任西德总理）的老师，协助推动1948年艾哈德的货币改革，以货币改革为起点才产生了日后的德国经济奇迹。更夸张一点地说就是，他的理论奠定了西德的“社会市场经济”基础。

虽然全体与会人士拥有共同的基本价值观，但他们在如何应对针对这些价值而来的抨击，或是实现这些价值需要的政策方面，意见却未必一致。弗里德曼记得在一次会议上就发生过激烈争论，他们在宗教和道德价值在促成及维护自由社会方面扮演的角色、工会的作用，以及政府以行动影响收入分配的适度性等议题上吵成一团。弗里德曼特别记得在讨论这个议题的过程中，米塞斯站了起来，宣称："你们全是社会主义者！"然后，米塞斯就冲了出去。事实上，弗里德曼认为全场的人士即使以最宽松的标准，也没有一个人够得上是社会主义者。

与会者的不同意见也延伸到这个组织要如何定名，最后大家决定就以集会所在地为名。这个名字也没什么不妥，因为"Pèlerin"的意思就是"朝圣者"（pilgrim），不过，这是因为其他提案都有人不满，就折中选了它。罗宾斯（Lionel Robbins）还负责起草了一份"宗旨声明"，除了一个人外，全体与会人士都接受这份声明。

星期六和星期日不开会，于是大会安排了一趟游览。大会的所有事务都由瑞士商人休诺尔德博士（Dr. Albert Hunold）一手安排。他负责筹足资金以主办这届会议，并一连多年担任秘书长。美国人士的旅行费用则由圣路易市的沃尔克基金会（Volker Fund）资助。

游览活动不只令人赏心悦目，也提供机会让与会人士非正式地交换意见，是任何会议都很重要的节目。大会结束后，休诺尔德制作了一本相片集，配上部分原始文件，这成为与会者心中最珍贵的一件纪念品。

芝加哥大学的特色

1946年秋，弗里德曼夫妇终于能回到他们心中的"我们的大学”，当然非常满意。也就在那一年，弗里德曼获得哥伦比亚大学颁发的博士学位，这是迟来的，因为他早已完成博士论文，但由于第二次世界大战的爆发而被耽搁了。究竟芝加哥大学是怎样的一所大学？弗里德曼曾这样说：“芝加哥大学是以浓厚的激励性的学术氛围闻名的，它重视思想与观念，学术讨论的进行完全凭各人的学术能力，不问其在校中的等级，对于非传统的意见都能容忍，在不同学科之间也经常交流——这些就是我们一直认为的‘我们的大学’的特色。”

这些特色是如何形成的呢？芝加哥大学是于 1857 年创立的，1886 年曾关闭，1892 年获 20 世纪全球首富洛克菲勒（John D. Rockefeller）资助复校。大致而言，早年美国大学的设立不是让上流社会阶级的子女接受高等教育，就是为各宗教流派培养神职人员。但芝加哥大学却不是这样的，它自始就是以从事高深研究和培育研究生为宗旨，希望成为一个纯粹追求高深学理与传播高深知识的学术中心。这种打破传统的积极进取作风在美国教育史上是首创的，只有约翰·霍普金斯大学（Johns Hopkins University）和芝加哥大学相同。

在芝加哥大学中成立的经济学系也自然朝此方向努力，幸运的是，当时的校长哈珀（Harper）能从康奈尔大学将其经济学系主任劳夫林（James L. Laughlin）延聘过来当系主任。弗里德曼认为，劳夫林在担任系主任时做出的贡献较大而且影响深远，因为劳夫林虽然坚持保守思想、主张使用实质货币，但在教师的聘请和系务的推展上，却对有不同思想的人采取特别容忍的态度。一开始他就把凡勃伦（Thorstein Veblen）从康奈尔大学带过来，而且在系中任教务长达 14 年，这也是凡勃伦的坎坷一生中仅见的顺利时刻。

劳夫林在芝加哥大学最早的一项措施是创办了《政治经济学杂志》（*Journal of Political Economy*，简称 JPE），由他自己担任主编，凡勃伦任执行主编。劳夫林对于教授的研究工作非常重视，对于研究生也是一样，他认为这是他们所受训练的一部分，而这些芝加哥大学经济学系的特性都一直保持着。这与此后主持校务工作的人有关。就校务来说，最主要的一位人物就是赫钦斯，他在 1929 年担任耶鲁大学法学院院长，之后到芝加哥大学，先以校长再以校务长名义治理校务，当时他仅 30 岁。赫钦斯是个非凡且富有领袖魅力的人，相信在阅读和研究上的学术成就是大学所追求的唯一目标。他一直以此为治校要务，全力以赴。经济学系在这种大环境下，再加上劳夫林早期奠定的优良基础，自然就能很顺畅地发展。到了 1946 年，弗里德曼以副教授的身份返校时，经济学系所在的四方院子（Quadrangle）附近景色依旧，但物是人非。他当学生时的教授只有三人仍在校服务，分别是奈特、明兹和道格拉斯，其他都是新人。

教授阵容的变化

在新教授中，兰格是波兰人，1938 年受聘为副教授，是为了满足当时芝加哥大学经济学系的多方面需求。他对经济理论的新发展有切实研究，是凯恩斯革命的先锋。由于对资本理论和效用理论都有深入研究，他被看作是卓越的数理经济学家。他也认为价格理论可用于社会主义的经济体制，可解决资源配置问题，这是对哈耶克、米塞斯认为社会主义无法运作的解答。

兰格的研究重点在数理经济学和计量经济学领域，正可以填补舒尔茨的不足，但他到校不到半年，舒尔茨就因车祸死亡，兰格也就成为系中在这些领域中的重要角色。兰格在教课时像维纳一样条理分明、组织严谨，于是更得到学生的爱戴，而且他在与同事相处时也彬彬有礼，对维纳和奈特更是崇敬。所以，兰格在芝加哥大学经济学系是一位人人都喜爱的人物。

1944 年，兰格出版《价格伸缩性与就业》（*Price Flexibility and Employment*）这本书，弗里德曼曾对此书写了一篇书评，此书评后来收录在他的《实证经济学论文集》（*Essays in Positive Economics*）中。为了使芝加哥大学经济学系对经济理论的发展有更深入的了解，兰格曾建议系方应多聘这方面的人才来任教，特别是对勒纳（Abba P. Lerner）的延聘，但因无法说服同人而告以失败。1939 年，考尔斯委员会驻留芝加哥大学，其研究主任马夏克就成为经济学系的合聘教授，兰格甚感欣慰，并希望马夏克和他在教授聘请上能合作。但 1945 年，兰格恢复波兰籍，转任波兰驻美国大使，之后返国参政而完全脱离学术界。

接着看考尔斯委员会进驻芝加哥大学这件事。该委员会是 1932 年由考尔斯（Alfred Cowles）创立的，旨在“促进经济理论与经济学和统计学之关系的科学研究与发展”。该委员会原先设在科罗拉多大学（University of Colorado），1939 年迁至芝加哥大学，并与其经济学系密切合作，以弥补当时经济学系在数理经济与统计学方面的不足。但该委员会的人事和会计是完全独立的，委员会内人才济济，后来有多人获得诺贝尔经济学奖，如阿罗（Kenneth Arrow，1972年得奖）、库普曼斯（Tjalling Koopmans，1975年获奖）、克莱因（Lawrence Klein，1980年得奖）和哈维默（Trygve Haavelmo，1989年得奖）。该委员会前后两位研究主任都曾担任经济学系合聘教授，前者是马夏克，后者是库普曼斯。

马夏克出生在俄国，先在德国海德堡大学（University of Heidelberg）任教，当希特勒执政后就移民英国，之后再转到美国，是个极富创意的多产学者。库普曼斯出生于荷兰，曾与第一届诺贝尔经济学奖得主丁伯根（Jan Tinbergen）共事，1940年移民美国，1944年加入考尔斯委员会。这两人的个性不同，马夏克较热情，库普曼斯则比较冷漠。马夏克是真正的学者，对经济学各部门都有兴趣，他曾与弗里德曼一同在系中开“货币学”课程，也常一起开系会，彼此熟悉。库普曼斯则专门研究非常狭隘的经济学与统计学上的理论问题，利用联立方程式为经济体系建构模型，这也是他获颁诺贝尔奖的原因。该委员会的研究人员后来都成为数理经济学与计量经济学的领袖人物，他们时常在晚间开研讨会，弗里德曼和经济学系其他人员也常参加，两个单位间的往来非常频繁。

弗里德曼喜欢在会中发言，对他们的研究方法表示不认同。同样，该委员会研究员也常参加经济学系的讨论会。其实，有些研究芝加哥大学经济学系发展历史的人士，认为该系与考尔斯委员会处得不怎么融洽。由于两者对于经济学研究方法都有各自的强烈主张，这种意见不合的君子之争自然难免，但应当不至于产生严重的后果。例如，对于该委员会离开芝加哥大学，弗里德曼就这样说：“1953 年，尽管经济学系与学校当局都力劝考尔斯仍将委员会留在芝加哥大学，但考尔斯还是要将它迁往耶鲁大学。我相信我们之所以不能劝他留下来：一方面是由于考尔斯本人与耶鲁大学的关系密切，他是耶鲁大学的毕业生；另一方面是耶鲁大学所提供的财务协助远非芝加哥大学所能负担。不管是什么原因，这一移动都是芝加哥大学的重大损失。”

另有一个新人是西奥多·舒尔茨（Theodore Schultz），他是 1943 年到芝加哥大学的，不久之后就担任经济学系主任，而且长达 15 年。舒尔茨是一位干练的主任，在其领导下，全系同人都合作无间、和谐相处，绝对没有像弗里德曼在威斯康星大学所发生的，以及其他各校也常发生的人事纠纷。到芝加哥大学之前，舒尔茨是爱荷华大学经济学系和社会学系主任（当了 10 年之久）。在这两段工作期间，他吸收了一群优秀的青年教师，这群人到后来差不多都成为各自学科的领袖人物，其中有许多来自芝加哥大学。由于舒尔茨主修的是农业经济学，使得爱荷华大学被公认为是此一学科最著名的学校。也正是因为这样，完全位于城市的芝加哥大学成为一个研究此学科的中心。舒尔茨在 1979 年之所以获得诺贝尔奖，他在此学科的杰出贡献是主因，人力资源的研究是另一原因。他之所以离开爱荷华大学，是为争取学术自由而辞职，跟他一起到芝加哥大学任教的还有约翰逊（D. Gale Johnson）。约翰逊本来就是芝加哥大学出身的，之后成为芝加哥大学社会科学院院长，再转任教务长，但一直没脱离经济学系，也没停止从事重要研究。

弗里德曼的恩师奈特本来就是重要人物，他被尊为芝加哥学派的掌门人。奈特在系务上一向活跃、积极参与。弗里德曼夫妇与他的关系特别亲密，部分是因为罗斯曾任奈特助理并与奈特夫妇走动频繁，部分是因为亚伦与奈特情谊莫逆。奈特经常在自家设宴，邀集各方英雄大话天下，尤其当有校外学人来到芝加哥大学时，更不放弃切磋机会。参与聊天的人常常不同，但亚伦、弗里德曼夫妇以及刘易斯（H. Gregg Lewis）则是常客。

亚伦虽非经济学系老师，但对经济学系的学术气氛却大有贡献。上文已提过，芝加哥大学法学院是全美首开风气并在法学院聘任经济学者的机构之一，西蒙斯既有经济学系教授身份，也是第一位接受法学院聘书的经济学者；亚伦则是第二位，他对在法学院、经济学系及商学院教授群之间的互动起了极大作用，他也借由开课和创办《法律和经济学杂志》（1958—1963 年任总编辑），开创了法学和经济学的跨学科整合先河。此领域在过去数十年蓬勃发展，弗里德曼的儿子大卫也进入这个领域。和奈特一样，亚伦也不时举办聊天大会。

另一位弗里德曼在芝加哥大学当研究生时就认识的教授是道格拉斯。道格拉斯出生于 1892 年，在 1920 年应聘到芝加哥大学担任劳资关系学助理教授时，他已经是知名的劳工经济学专家。他的论文非常多，其助理抱怨说，他的论文一篇又一篇写完，比她校读完稿的速度还快。道格拉斯具有多方面的兴趣，又积极参与公共事务。1939—1942 年，道格拉斯曾担任区议员，大力主张大政府干预经济事务。亚伦在 1927 年年初到芝加哥大学时是追随道格拉斯的，两人合写了《失业的问题》（*The Problem of Unemployment*）这本书，后来亚伦受到奈特的影响，逐渐与道格拉斯疏离。

道格拉斯专研生产，而“柯布－道格拉斯生产函数”（Cobb-Douglas Production Function）几乎是经济学界无人不知的名词。他是一位数量劳动经济学的先驱，奠定了芝加哥大学实证劳动经济学的基础。

当珍珠港事变发生，道格拉斯自动以 50 岁之龄，且以二等兵身份参与美国海军陆战队，尽管他的宗教信仰是主张反战的教友会（Quaker）。1946 年，他在退役前已升为中校，一只手臂伤残是其参与作战的明证。退役后，道格拉斯与弗里德曼于同一年重返芝加哥大学任教。1947 年，他担任美国经济学会（AEA）会长，在就职演说中针对“是否有生产法则”以统计学观点提出精辟见解。1948 年，道格拉斯代表民主党竞选联邦参议员获胜，并连任 3 届，共 18 年。

刘易斯在 1946 年是芝加哥大学经济学系助理教授，早年曾担任道格拉斯的研究助理。刘易斯开授劳动经济学课程，后来在此领域成就非凡，虽然他没当过系主任，但在各种被交付的职务上，都展现出一流的行政管理才能，能完美地完成任务，而且他也有令人欣羡的学术纪录，指导了许多研究生完成论文。1975 年，刘易斯受聘转赴杜克大学，直至退休。

在弗里德曼加入芝加哥大学经济学系的同一年，在统计研究小组解散后到斯坦福大学的沃利斯，也接受芝加哥大学商学院之聘，主要教授统计学。他同意受聘就得放弃他在芝加哥大学已修完的所有学分以及符合一切要求只差论文就可获得的博士学位。芝加哥大学有一规矩，任何已获聘为芝加哥大学终身职教授者，学校不会再授予博士学位，这是为了维护学术水平的一项规矩。当年，拥有博士学位与否，并不像现在这样攸关事业成功。由沃利斯日后的事业发展来看，没拿到博士学位并不是重大牺牲，他后来获得好几个荣誉博士学位，他也是弗里德曼夫妇的好友，是芝加哥大学中的一位良师。

弗里德曼在芝加哥大学经济学系的教学授课

在芝加哥大学 30 年，弗里德曼大体上只开价格理论和货币理论两门课。前者的开设时间是 1948—1962 年以及 1971—1976 年；后者是早期任教时先教初级课，再于 1963—1970 年开高级课。弗里德曼也针对不同的经济议题召开学术研讨会，1953 年更是成立了货币金融工作室（workshop），该工作室对其著作能提供激励，既可获批评以改错，又可借助学生同僚的相关研究，有所裨益与补充。这项结合促成了所谓“芝加哥学派货币经济学”的诞生。

第二次世界大战时，高等教育学府的入学率大幅下降，但战后初期却增加了1倍多。芝加哥大学经济学系有许多学生就读，战后初期的这批学生与一般的学生大不相同，他们较成熟，不少人曾在服役时当过军官，承担过相当重大的责任，许多人已结婚，基本上认真向学、急欲完成学业，好在事业上起跑。弗里德曼深深感觉他们是他有幸教到的最能干、最有意思的学生。

芝加哥大学必须煞费心思接纳这批新生，经济学系也需调整，弗里德曼教授的初级经济理论课，是他14年前当学生时维纳开的课，那时一个班的学生为30人，但在弗里德曼教课时却加倍为60人，于是他在同一季开了两个班。起先，弗里德曼认为教课将会无聊、沉闷，实际上正好相反，不但一点都不无聊，还改善了教学质量。第二班的学生占了便宜，因为弗里德曼会根据第一班的授课做些改善。

弗里德曼同时开两个班的课持续了12年，之后在相当长一段时间，一年中要开两次为期两学期的经济学理论课，一次是秋季和冬季，另一次是冬季和春季。同时，他也在大学部开一门为期一季的货币金融学。这些课通常是每周上课3次，每次50分钟。在研究所方面，正常的全职教授通常开两门课，每周上6小时。在非学界人士的眼中，这种工作太轻松了。弗里德曼想起一个故事：某州议会审查给州立大学的拨款时，一位农夫出身的议员问："他们要教几小时的课？"听到"12个小时"后，这位议员说："一天12个小时，可不算差呀！"

内行人都知道，实际花在教课的时间一定是好几倍于课堂上的时间，譬如花时间准备教材，与学生谈话，为学生解惑，以及批改考卷、作业，等等。系里还要进行“初级测验”，任何学生要拿硕士或博士学位，都得先通过初级测验。这项测验涵盖与科目主题有关的范围，不考特定课程的内容，而且出题和评分都由教授群组成一个委员会负责。此外，指导硕士和博士论文写作，通常都比课堂讲课更花时间，但老师也很有收获，因为能和一位学者本身的研究起到互相切磋的互补作用。

弗里德曼在 65 岁时退休，他很高兴从此不必再批改考卷了。弗里德曼喜欢教书，也喜欢和学生互动交往，但批改考卷是另一回事，他从来不满意选择题，因它可用机械方式给分。他觉得如果考试的唯一功能是给学生打分数，那么考试就是浪费时间。考试应以有助于学生教育为目的，作为激励的工具。因此，弗里德曼一向避免出要学生纯粹重复课堂讨论或指定读物素材的题目，反而是出一些学生必须运用课堂上教的原理去解决从未遇到过的问题的题目。不过，要给这种考卷打分，是一件很耗费心神的事，弗里德曼表示，针对同一个题目，他必须读 30—60 个不同的答案。弗里德曼烦恼的是，阅卷的结果打击了他的自信心，他一再发现，他自认已讲得清楚、透彻，偏偏学生们并未真正了解。学生们或许可以重述他讲的内容，但只有少数几个人能把它用在新的脉络里。这使得弗里德曼觉得他当老师是失败的，也让他感到批改考卷、评分数是耗时且令人沮丧的工作。

不过，有趣的是，许多学生事隔一两年之后，在并未补课的情况下再针对同一主题接受初级测验时，却展现出了不同以往的了解！弗里德曼在当学生时就发觉学生们由同学身上及自修所学，远胜于自教授教学中所得。

价格理论

弗里德曼承接维纳为研究生所开授的经济理论课，他在拟订参考书目时强调要读原著，他也利用上课教学生的机会多认识过去伟大的经济学家以及晚近的新发展。他在教经济理论时最初是以马歇尔（Alfred Marshall）的《经济学原理》（*Principles of Economics*）为基本的教本，弗里德曼要传输的是马歇尔所谓的“经济学是发现真理的引擎”，不是数学的一支。他相信这是“芝加哥经济学”的特色，也是与其他一些主要大学对研究生所传授的经济学的不同之处。数年之后，班上有两位同学根据他们上课时的笔记编成一本书。这本书经弗里德曼删改之后就以“价格理论”为书名，并以复印方式发行。

由于这一复印版本流传甚广，弗里德曼就在 1962 年以微薄的纸张正式刊印发行，并在书名后加上“一本暂时的教本”（A Provisional Text），表示以后还要修改。14 年后，一本修正、扩大的《价格理论》终于出版，弗里德曼的序言这样写着：“自从这本书初次发行不久以后，我就从教价格理论改教货币理论，教了将近 10 年。3 年以前，我又再教价格理论，翌年（1975—1976 年）我计划最后一次教这门课。因此，如果我真的要对那册 1962 年的暂时教本大肆修改的话，现在就正是时候了。我不能自认现在这一版本是我早年教这门课时在脑海中（或者在我年轻时的梦幻中）

所意图完成的著作。但是，这已经是经过扩充了的，而且我希望也是经过改进了的版本。”

这本书从来不曾畅销，却一直被用作教科书，且每年仍有不少销量，初稿曾被译为西班牙文、葡萄牙文和日文，修订本也被译为德文和法文。弗里德曼自己认为有复印本和新书，使他上课时减少了讲课时间，他可以多留出一些时间来准备新教材，且与学生多做讨论。

同时，弗里德曼表示他给学生的评分并不限于考试时的成绩，他还要看学生对指定的课外作业的完成情形。他说有一次他在上课时，指定一个问题要大家带回去作答。结果最优秀的、最有原创性的、最深入的分析是出自一位中国学生，但他在考试时的成绩则非常差。这件事使他相信只根据笔试来评分是不公平的，课外作业的表现至少是同样重要的。这位中国学生的博士论文是弗里德曼指导的，后来他到中国访问时也曾遇到这个学生。

货币理论

弗里德曼之所以改教货币理论，部分原因是他的研究重点转至此领域，主因是经济学系觉得价格理论这门课的内容大体上已经稳定。明兹教授在 1953 年退休后，货币理论这门课的讲授失去了连贯性，在他退休后的 10 年之内，这门课由系里几位教授相继开过，内容大不相同。虽然弗里德曼的研究重心已逐渐转到货币经济学，但他过去却没有教过货币理论，为了避免过分专注一门课，他宁愿教与他自己所做研究科目不同的课程。

最开始，弗里德曼有意以他的讲课内容为基础编写一本货币理论教科书，也的确把演讲进行了录音，且把录音做成抄本。不过，录音带的誊本写得很差，罗斯花了大量时间想去订正，却发现事倍功半，遂决定放弃。

1953 年，弗里德曼引进了一种自然实验室式的工作室，成立了货币金融工作室（和芝加哥大学其他领域所成立的工作室类似），由于成效卓著，许多大学纷纷仿效。我在 1985 年到芝加哥大学经济学系当一年访问学者时，就曾亲自见识到各个工作室的盛况，每个星期都有几场不同领域的工作论文发表会，参加者很踊跃。

弗里德曼叙述他成立工作室的经过：先争取校方同意，然后把工作室设在社会科学大楼地下室的某一房间，最后找了一些人家不要的桌椅就开张了。他从洛克菲勒基金会获得了一笔助学金，给几位学生提供财务帮助，又买了 3 台二手桌上型计算器。该工作室约有 10 多位研究生，专事货币领域研究，一周聚会一次，讨论问题，随着工作的进展，将研究成果予以展示，并让大家批评和提出建议。过了一段时间，芝加哥大学经济学系和商学院的老师也来参加，其他学校的学者偶尔也来提出初步研究成果，供大家切磋。

弗里德曼主持该工作室超过四分之一个世纪，一直坚持两个规矩：一是不缴税就无代表权，即除非在货币领域进行积极研究，且愿意提出一篇以上论文者，否则不能参加；二是所有的会议都以事前分发的书面论文为讨论基础，论文作者只有5分钟左右的时间更正论文内容或补充意见。弗里德曼深信这些规矩是工作室成功的关键，它使工作室成为积极从事研究工作者的好地方，大家一起切磋、改错，而不至于使研究成果又成为一系列提供信息的演讲。虽然演讲也有其效用，但许多研究生的研讨会已具备了此种功能。

这个工作室成功地向学生教授了研究方法，并鼓励学生快速完成博士论文，以提高货币领域的研究质量。工作室逐渐发展成为各地从事货币理论研究学者的测验场，在芝加哥大学及其他校园都颇负盛名。这个工作室激励出不少研究成果，成员们不只将这些研究成果写成博士论文摆在图书馆书架上，还发表在学术杂志上，或是写成书出版。工作室本身出版了几本书，主要是以工作室内完成的论文为内容，这些书中的若干文章已成为探讨该主题的经典作品。不同人士以不同方法研究相关问题所产生的累积效应，对于人们了解货币现象的贡献远超过任何单一学者的研究。

弗里德曼在芝加哥大学任教期间，曾到英国剑桥大学讲学研究一年，体验了导师制的教学方式。弗里德曼也曾到加州大学洛杉矶分校和夏威夷大学各任教一个学季，偶尔也到其他地方做一两天的短期讲课。

在芝加哥大学教学的30年间，弗里德曼一共指导了75篇博士论文，每年两三篇。奈特每年只指导两篇博士论文，一般来说这个数量也是较多的。弗里德曼口齿伶俐、说理清晰、态度恳切而且反应敏捷，到校不久就成为系中的重要人物，被学生视为伟大的老师。弗里德曼教出了很多杰出人才，以获得诺贝尔奖来说，就有三人是他直接教导的：一为布坎南（James M. Buchanan），在 1986 年获奖；二为贝克尔（Gary S. Becker），在 1992 年获奖；三为卢卡斯（Robert Lucas Jr.），在 1995 年获奖。当弗里德曼在芝加哥大学执教时，曾间接受其影响而获奖者也有三位：一为马科维茨（Harry Markowitz），在 1990 年获奖；二为斯科尔斯（Myron Scholes），在 1997 年获奖；三为赫克曼（James J. Heckman），在 2000 年获奖。

弗里德曼觉得能在芝加哥大学任教是很幸运的，有着“集天下英才而教之，不亦乐乎”之感。同时，弗里德曼相信教书是“一种双向的过程”（a two-way process），也就是我们常说的“教学相长”，他在与学生互动中也学了不少，而且还能写出许多的学术文章，自然更感到欣慰。

在教学研究工作之外，弗里德曼还从事大量的社会活动及学术交流，包括：1957—1969 年，担任《经济计量学杂志》编辑；1964 年，担任戈德华特（Barry Goldwater）的总统竞选顾问；1966—1984 年，每 3 个星期为美国《新闻周刊》（*Newsweek*）杂志针对时事写一篇文章，并从此成为家喻户晓的人物；1967 年，担任加州大学洛杉矶分校客座教授，同年担任美国经济学会会长；1969—1971 年，担任尼克松总统经济顾问委员会委员；1970—1972 年，担任朝圣山学社社长；1977 年退休后，转赴斯坦福大学胡佛研究所担任高级研究员；1980 年，与罗斯制作了一个十集的电视节目《自由选择》，而且还将之改编成畅销书出版，这使他的知名度攀升到极致。1980 年，弗里德曼也担任过里根总统的经济政策协调委员会委员。

弗里德曼曾在 1973 年首次到达台湾，此后又多次到达台湾，和经济学家、官员讨论经济问题，对台湾活力充沛的私人企业经济，以及对台湾当局稳定地促进民主和个人自由的印象十分深刻。弗里德曼记得和当时的台北市市长长谈，并带回一幅有其真迹的很漂亮的卷轴，挂在他们第二个家的墙上。弗里德曼曾获美国、日本、以色列、危地马拉等国大学的多项荣誉博士学位，也曾荣获“罗塞服务杰出经济学教授奖”。弗里德曼是当代自由经济最有力的代言人，芝加哥学派在其领导下声名大噪。弗里德曼于 1951 年获克拉克奖，1976 年荣获诺贝尔经济学奖，1988 年获美国国家科学奖，同年获颁“总统自由勋章”（Presidential Medal of Freedom）。2006 年 11 月 17 日，弗里德曼逝世，享年 94 岁。

第三章

弗里德曼的学术贡献及其自由经济理念的传播

美国人正在觉醒，也再度认清“受到过度管理的社会很危险”，也了解“好目标会被坏手段搞砸”，而“依赖人的自由，根据他们本身的价值去控制自己的生活，是充分实现伟大社会的完整潜力，是最可靠的做法”。所以，弗里德曼以“也幸好，生而为人，我们仍然能够自由地选择应该走哪条路——是否继续走政府越来越大的路，还是喊停和改变方向”作为全书结语。

弗里德曼是一位家喻户晓的人物，其在学术上有多方面及多样化的贡献，这不仅是因为其长期对经济研究的清楚、透彻的介绍，而且是因为其在理论上的审慎思虑。加上弗里德曼具有卓越的文字功底和高超的表达技巧，以及其涉及公共政策事务，使其在经济学术界和一般社会大众中都卓有名望。

弗里德曼之所以荣获1976年诺贝尔经济学奖，乃因其在消费行为分析、货币史和货币理论、稳定政策的研究上的卓越贡献。他在经济学术上的贡献至少表现在以下4个方面：一是借着自己对小型模式以及货币角色的研究，重新燃起人们对方法论的兴趣；二是利用永久性收入假说，重建消费函数理论；三是经由他对历史资料的实证研究，使美国经济史的重要性重新被评估；四是论述货币政策与财政政策的有效性，从而引发了重要且影响深远的论战。下文就以其相关著作为线索进行进一步详述。

实证经济学的方法论

弗里德曼在1953年将他20世纪40年代后期与20世纪50年代初期所发表的论文编成《实证经济学论文集》(*Essays in Positive Economics*)这本书。他在1951年之所以能获得美国经济学会所颁赠的克拉克奖章(J. B. Clark Medal),就是因为这本书。克拉克奖章是美国经济学会专门赠予40岁以下的最卓越经济学家的奖励,自1947年开始,每两年颁奖给一人,没适当者还会从缺,弗里德曼是第三届(位)得奖者。他在这本书中以《实证经济学的方法论》(*The Methodology of Positive Economics*)这篇论文作为导论,而此文正是弗里德曼在经济学方法论方面所发表的最重要代表作。

弗里德曼在这篇论文中先引凯恩斯父亲在1890年出版的名著中的话来说明经济学的种类。第一种是实证(positive)科学,是一套讨论"是什么"(what is)的有系统的知识;第二种是规范的(normative)或调节的(regulative)科学,是一套讨论"应该是什么"(what ought to be)的标准的有系统的知识,因此它所关心的是理想,而不是实际;第三种不是科学,而是艺术(art),是为达成某一目的的一套规则体系。实证科学的目的是在寻求规律的建立,规范科学的目的是在寻求理想的决定,经济艺术的目的是在做方针的拟订。在从事经济学研讨时必须分清所研究的是哪一部门,不可混淆不清。可实际上,这种混淆不清的情况非常普遍,以致成为许多错误的来源,所以,"认清政治经济学是一种明晰的实证科学”是很重要的。

弗里德曼认为老凯恩斯所说的这种混淆不清的情况依然存在，为了澄清这种情形，他认为可先将实证经济学与规范经济学的关系说清楚：实证经济学在原则上与任何特定的伦理立场或规范判断是完全无关的，它是讨论“是什么”的问题，不涉及“应该是什么”的问题。其目的就在于对事物的真相加以探究，提出一套对于情况变化所产生的后果能加以预测的理论。这套理论有无价值，可从其所预测的情况与实际发生的情况是否相符予以评估。简而言之，实证经济学是一种“客观”的科学，与其他物理科学并无多大差异。不过，由于经济学研究人与人间的相互关系，而研究者自己就是研究对象之一，这样自然会使他在保持客观性上遇到许多困难，但这并不足以表示这两种科学之间有任何基本差异。

另一方面，规范经济学既然要研究“应该是什么”的问题，而经济艺术也要研究达成目的的规则体系，这就使它们都无法脱离实证经济学而单独存在。因为不论是实证经济学、规范经济学还是经济艺术，都会牵涉经济政策问题。实证经济学所涉及的是政策所能达成的是什么目的以及这些目的如何达成。经济艺术所涉及的政策问题也是如此，而规范经济学所涉及的是这些政策所要达成的目的是否良善。这些政策结论的产生都需仰赖实证经济学的研究，若无实证经济学对于各种事项的研究，那么对于由此得出可能造成的结果的预测，规范经济学又如何能判定它们是否良善？

所以，实证经济学所产生的结论与规范经济学所要解释的课题息息相关。弗里德曼认为，在西方世界，特别是在美国，一般公正无私的公民对于经济政策之所以有不同的意见，主要是对所采用的措施所产生的经济后果有不同的预测，这在原则上可经由实证经济学的进步来消除差异，并非在基本价值上有差异。他以最低工资标准的立法为例来说明。弗里德曼认为此法的最终目的，在于希望工人都能得到足以维生的工资，这是大家都同意的，问题是：这种办法推行之后是否能达此目的？赞成者相信，最低工资标准可以使原来低于最低工资的工人收入增加，并使有些人能收到比最低工资更高的工资，却不致引起失业人数的增加，这样就可减少贫穷。反对者则相信（预测）最低工资标准会使贫穷加剧，因为它会增加失业的人数，这种损失会超过原来就业者所接受的利益。

这些差异都不是道德性的，而是科学性的，原则上都可以通过实证分析来解答。所以，弗里德曼认为，关于“正确”的经济政策上的共识，规范经济学的进步的重要性要远逊于实证经济学的进步的重要性。不过，他也表示，他的这种关于经济政策差异的判断本身，当然也是一种“实证”，能不能被接受还是要由实际的证据来决定。

弗里德曼的这篇方法论文章发表之后，曾引发许多人的批评，而罗斯就是其中之一。罗斯一直深深体会到，从她对经济学家的政治偏向就可了解弗里德曼关于实证的识见，她从不相信政治偏向是实证识见的结果。但是，弗里德曼一直反对这种结论，因为他自己就不是这样的经济学家，于是弗里德曼不愿承认其他经济学家的主张会和他不相同。罗斯认为，这是因为弗里德曼的宽于待人的性格使然。

罗斯认为，弗里德曼和她的看法日趋接近，她引用弗里德曼在 1968 年出版的《美元与赤字》（*Dollars and Deficits*）这本书中的这样一段话作佐证："要找到一位有声誉的经济学家——不论他的政治立场是什么——不同意最低工资标准会增加没有专业技能劳工的失业是很困难的；同时要他认为最低工资标准所造成的其他结果，会产生许多利益足以弥补就业上的损失，差不多也同样困难。"弗里德曼得出了这么个结论：大多数的经济学家都对这个问题保持缄默，因为他们不愿被人称为"反动派"和"无情者"。

弗里德曼在这本书中又举出关于美元与黄金价格问题的例证。他写道："大多数专门研究货币与国际贸易的经济学家，都主张放弃黄金的固定价格，而准许美元的价格（即汇率）有较多的变动。但是，许多经济学家都不愿提出这种政策，因为他们知道华府官员会强烈地反对他们，甚至更反对公开讨论。结果他们就另提求取国际收支平衡问题的次佳方法。"这种经济主张受到政治考虑的情形，或许就是罗斯评语中所指的状况，也或许就是弗里德曼说他逐渐朝罗斯的方向变动的意思。

不过，弗里德曼认为，这种将经济事务的判断与政治考虑混在一起的情况，是造成经济学家的分歧意见以致其无所适从的主因，是应该设法避免的。弗里德曼承认经济学家的确会发表不同的意见，但并不是有非常大的分歧。经济学家对经济政策的歧见大部分来自对政策所产生的后果有不同的预测，并非来自对所产生的后果有良窳不同的判断。譬如，当今经济学家希望达成的不外乎是物价的相当稳定，就业水平的提高，国际贸易的自由，但对收入分配却有不同的意见。不过，对此问题的歧见还是来自科学判断，并非价值判断。

弗里德曼曾这样说：

我反对我们现在的高度累进所得税，不是因为我赞成收入分配不均，或不主张收入分配的平均，而是因为我相信我们的税是骗人的、虚幻的。将经济地位相同的人做不同的处理，只会扩大而不会缩小收入的差距，会导致大量的人才和创造力浪费。实际上，主张最后收入的平均程度比我高的许多经济学家也同意这一评估。

不过，并不能说价值判断不会影响经济学家对经济事务的判断。弗里德曼指出，在两种情况下，个人的价值判断会影响政策的决定：一种是由于经济现象错综复杂、变化多端，这将为科学判断也带来一些不确定成分，在此情况下，一个人要从事政策上的选择就会受到他所抱持的意识形态的影响；另一种基本价值会进入政策的选择是由对政策所产生的后果所经历时间长短的重视程度不同所引起的（也就是说，在已知的同一科学判断下，政策所产生的短期和长期后果之分），这时要选择一种政策就要看决策者的偏好。值得注意的是，这种对于长短期后果重要性的取舍，与对于政府职能大小的偏爱有密切关系。大体而言，凡是重视自由、主张限制政府职能的人，都较重视一项政策所产生的长期后果。若后果不好，他必反对，反之则赞成。凡是重视福利且认为政府职能可以扩大者，则比较重视短期效果。若效果好，他就赞成，反之就反对。

除了这两种意识形态会影响政策选择外，弗里德曼还指出，有些认为是因意识形态不同而引起的政策选择，实际上是一种遁词，是用来掩饰其不愿从事实情分析以达成科学判断的烦琐。在与人发生争辩时，这种情况最容易出现，因为这时只要一提出两人之所以会有争辩，完全是由于各人所持的意识形态相异，就不必再追究这一问题了。这种态度很明显是反科学的。人确实会因意识形态不同而有不同的政策选择，但我们不应该在一开始就有这样的认定，而应在将事实详加分析后仍无法消除歧见时，再说这是由于价值判断不同，如此，对于理性共识的产生应当会有很大的帮助。

弗里德曼还认为，即使是基本的价值判断存在差异，此差异还是可借市场机制的发挥来消除。我们知道，市场中的交易之所以会发生是由于交易双方对于事物有不同的看法或评价，后来之所以能成交当然是由于双方都觉得对自己有利。所以，交易是将不同意见归于一致的利器，大家可以取得共识，这通常是指市场中交换的商品。不过，这种共识的取得也可以是观念和思想。因此，弗里德曼认为，市场的任务就是让意识形态形成，这就是他毕生坚持自由市场理念的根本原因。

经由上述，我们应可得知，弗里德曼特别强调的实证经济学的基本任务就是要提出一套能对未经察觉的事件加以正确预测的理论。他认为，一种理论所提出的假设都不可能完全合乎事实，因为社会变化很快，不会停留下来让科学家去描述。科学的任务也不是将“实际的世界”予以复制，而是对其未来的发展加以预测。重点是，这种预测是否符合事实的发展，只要符合就表示该理论是正确的、有用的、有价值的。因此，理论是从客观的实际中抽出的，能从客观的实际中得到证明。经济学家所要努力的，就是要不断地提出这样一些理论，等达到一定的数量时，当前所面临的一些政策上的主要问题也就可得到解答，如此一来，经济学家的贡献可就大了！

消费函数理论

1957 年，弗里德曼出版了《消费函数理论》（*A Theory of the Consumption Function*）一书，这本书是经过多年孕育出来的。消费函数理论曾经历过批评、误解、排拒、探讨替代方案的过程，而且过了很长一段时间后才被接纳。在凯恩斯出版《通论》掀起凯恩斯经济思想革命之后，弗里德曼的这本书是有关消费函数研究的一部分。凯恩斯理论的一个中心支柱是消费支出和收入之间的关系，其中主要的就是"边际消费倾向"这个概念，它指的是"每增加 1 美元的收入，用于消费的比重在'基本心理法则'下小于 1"。凯恩斯也认为，"一般来说，随着实质收入提高，被储蓄下来的收入比重上升"，也就是"平均消费倾向随着收入提高而下降"。

边际消费倾向的大小决定了"乘数"，是凯恩斯理论的另一个重要观念，它能说明增加 1 美元的投资或政府赤字支出之后，总收入会增加多少钱，即在不提高税负的情况下花更多的钱。

边际消费倾向随收入提升而下降，成为 20 世纪 30 年代汉森（Alvin Hansen）教授所提的"长期停滞"（Secular Stagnation）论题的主要部分。他宣称，随着美国日益富有，储蓄倾向提高，投资机会耗竭，除非政府提高赤字支出，否则美国经济将停滞。

弗里德曼在他的书中第一章写道：

理论上的兴趣激发了经验性研究。消费函数的数值根据两种资料来估计：一是消费、储蓄、收入、价格和类似变量的时间数列，主要来自第一次世界大战后时期；二是个人收入与家庭的消费、储蓄和收入的预算数据，来自一个半世纪以来无数的抽样调查。两种数据来源在乍看之下似乎与凯恩斯的假设吻合。当期的消费支出与收入高度相关，当边际消费倾向小于1且低于平均消费倾向时，储蓄下来的收入比率会提升。但是，接着产生了证据上的严重冲突。库兹涅茨估计，美国1899年后的储蓄在半个世纪以来，尽管其中的实质收入大幅增加，收入中储蓄的比率却没提高。根据他的估计，整段时期内，收入中储蓄的比率大致相同，消费支出比率则明显高于从时间数列或预算数据算出的边际倾向。稍早期间的预算研究报告强化了这种矛盾现象。在多种不同的年月中，平均消费倾向大致上是相同的，尽管在平均实质收入上有着大差异。但是，将每套预算数据予以分别研究时，却显示边际消费倾向明显低于平均消费倾向。第二次世界大战后的储蓄比率远低于两次世界大战间以同样方法算出的储蓄率。这些经验显示，将消费函数视为消费或储蓄仅与现时收入之间有关是不适当的。

如第二章提过的弗里德曼在研究专业人士收入时，将个人实际收入分为恒常的、准恒常的和暂时的3种，而在研究消费理论时则简化为两种——恒常的与暂时的。前者是指“经常的”（usual）或“正常的”（normal）收入，即一个人从其人力和非人力的资本中，希望获得的收入流量的现在价值；后者是指一时的或意外的收入，或者负收入（损失）。弗里德曼提出了这样的消费函数理论：人们在消费方面的支出是由其恒常收入决定的，不受暂时变动的影响。任何暂时增加的收入都会储蓄起来，不会用于消费，而产生暂时减少的收入时则会以过去的储蓄来维持平常消费的水平。因此，收入较高者，由于其收入中有些是暂时的，就会比低收入者多储蓄些，因为低收入者的收入中有部分是暂时的负收入（损失）。不过，高低收入者的消费都维持在他们经常的水平上，即都由他们的恒常收入决定。弗里德曼将他的这种消费理论称为“永久性收入假说”（Permanent Income Hypothesis）。

弗里德曼在其生命的最后一年（2006 年）曾说：

《消费函数理论》已属于经济思想史上的一部著作……它的主要元素已成为经济学家的传统智慧。最重要的是，每个人都接受稍有不同且略加修改的永久性收入假说。这一名词已成为经济学家惯用的名词，“永久性的”与“暂时的”都是其词汇中的字眼。

自由浮动汇率

1950 年，弗里德曼在担任美国经济合作总署主管欧洲金融与贸易部门顾问时，写了《支持浮动汇率》(*The Case for Flexible Exchange Rates*) 这篇论文，建议实行浮动汇率制以利于基本经济目的的达成，该主张与传统的看法相左，但随着时间的流逝，它获得了大多数美国货币经济学家的支持。

当时世界各国都实行一种可调整的固定汇率制 (Adjustable Peg System)，该制度是 1944 年在美国新罕布什尔州的布雷顿森林召开的世界经济会议通过设立的，称为"布雷顿森林体系"(Bretton Woods System)，即要求参与的各国将货币的汇率钉住一个比率，各国可在 10% 的范围内自行调整，若要超过此范围，则需经国际货币基金组织核准，所以又称"可调整的固定汇率制"。

虽然国际货币基金组织尽了最大努力，国际收支危机还是经常发生。弗里德曼在此问题上参与了多场会议，有两次会议让弗里德曼印象深刻：一场是 1969 年在哥本哈根举行的会议；另一场是 1972 年在蒙特利尔举行的会议。这两次会议都有全球各地银行家出席。在两次会议之间的 1971 年 8 月 15 日，尼克松总统宣布，美国不再履行布雷顿森林体系的规定，以每盎司 35 美元的价格出售黄金给其他国家的中央银行，布雷顿森林体系就此瓦解。在两次会议中，弗里德曼都和国际货币基金组织秘书长同组。在第一次会议中，秘书长驳斥弗里德曼的浮动汇率提案不可行，认为是不了解真实世界的学者用理论堆砌出来的幻想。在第二次会议中，秘书长的接班人却称浮动汇率是唯一可行的制度，并表示固定汇率完全不可行。

弗里德曼由这两次会议看出两件事。第一件事是像他那样的经济学家如何运用影响力。长久以来，他都相信，经济学家影响事件发展的过程，靠的不是在提出人们认为激烈的建议方案时，说服人们相信他们是对的，而是碰到危机（非得做某些事情不可）时，把各种选择方案摊开来。1971 年，当危机发生时，如果没有托宾（James Tobin，1981 年诺贝尔经济学奖得主）、哈伯勒（Gottfried Haberler）和弗里德曼这些杰出的经济学家，在学术文献中充分探讨浮动汇率这个备选方案，当时会采取什么样的解决方案将不清楚，很可能采取更广泛的资本和汇率管制，而浮动汇率确实是个清晰的备选方案。

第二件事和官僚组织永存不朽有关。各国代表在布雷顿森林设立国际货币基金组织，监督固定汇率制度；设立世界银行，提供资金以重建遭受战争蹂躏和发展程度低的国家。固定汇率制瓦解时，国际货币基金组织就应该被废除，但不只没废，还被改造成世界银行的姐妹机构，给出现国际收支问题或其他财务问题的国家提供贷款。弗里德曼认为，在从事这些活动的过程中，国际货币基金组织造成了很大的伤害，但这没有阻碍它规模日益壮大，并取得越来越高的地位。1997 年的亚洲金融风暴，以及 2008 年的全球金融海啸和欧债危机，国际货币基金组织的资金援助更为强大。2012 年年初，国际货币基金组织与 20

国集团（G20）官员洽谈，将国际货币基金组织基金规模由3 850亿美元增至10 000亿美元，若弗里德曼还在世，一定又会大声反对。

布雷顿森林体系虽已崩溃，但固定汇率制仍未丧失其吸引力，许多国家只愿实行不纯净的（dirty）或管理的（managed）浮动汇率制，表示政府仍要做适当的干预。欧洲经济共同体（European Economic Community，简称EEC）甚至在其会员国之间仍保持固定汇率制。其先在1972—1979年推行一种像蛇之爬行那样的所谓爬行的钉住制（Gliding Crawling Peg），之后又建立了欧洲货币体系（European Monetary System，简称EMS），成为一个货币集团，使其内部的汇率能保持稳定而一致对外实行浮动制。

此制度之所以能维持一段时间，是因德国原本要像美国在布雷顿森林体系时那样扮演同一角色，后来德国由于要东西德统一，为支持东德产业乃采取扩张性财政政策，于是增强通货膨胀，其央行就提高利率来减少国内需求，使国内经济安定，但其他国家不愿跟随提高利率。如此一来，资本乃大量流动，致原订汇率无法维持，欧洲货币体系就在1992年结束。此时欧洲经济共同体已决定成立欧盟（European Union，简称EU），要统一货币。

弗里德曼认为，一般对“钉住”汇率与统一货币（unified currency）混淆不清，有必要澄清。所有以上钉住的汇率制度都涉及各国承诺保证采取适当的货币政策，将各自货币与他国货币保持固定汇率，各国都保留央行来执行任务。统一货币则是一区域内一致使用的货币，如 2002 年发行的欧元在欧盟会员国统一流通。在一个统一货币制度下，各区之间固定汇率的维持是完全自动的，不需要货币或其他政府机构干预。

如果各国都要保留央行，那最好是采用自由浮动汇率制。基本上，浮动汇率制与真实的金本位制有很高的相似度。因为两者都让人民自由从事货币的买卖，也都无政府的干预。不像钉住汇率制那样，个人必须按政府规定的汇率从事买卖，其变动亦需由政府决定。弗里德曼还认为，可调整的固定汇率制是最坏的一种制度，因为它不像固定汇率制那样稳定，也不像浮动汇率制那样波动，很容易产生不稳定的投机。

法则替代权衡

18世纪，奥地利学派的始祖休谟（David Hume）就在1752年于《货币论》（*Of Money*）这篇论文中提出“货币数量学说”（Quantity Theory of Money），到了20世纪，其理论又由费雪（Irving Fisher）的“交易性数量说”（Transaction Version）和剑桥学派的“现金余额式数量说”（Cambridge Cash Balances）予以发挥。不论如何诠释，都强调货币数量和货币收入的关系密切。1929年，美国发生大萧条。1936年，凯恩斯发表的《通论》掀起了所谓的“凯恩斯革命”，他强调货币收入与投资或自发性支出（autonomous expenditure）的关系，不是货币收入与货币数量的关系，甚至提出“货币无关紧要”（money does not matter），应将重点放在投资、政府的财政政策以及消费者支出与收入的关系上，而“流动性陷阱”（liquidity trap）更明指货币数量增加对利率、物价、收入都无影响，全部被留作投机之用，特别是在经济萧条，以及利率、物价低迷之际，政府需以财政政策或公共投资、赤字支出来创造有效需求。弗里德曼在1956年写了《货币数量学说的重述》（The Quantity Theory of Money : A Restatement）这篇论文，掀起“凯恩斯革命的反革命”，该篇论文被视为“现代数量学说”内涵的一种陈述，成为凯恩斯主义的另一种替代品。此文也是弗里德曼在货币理论方面的第一篇作品，此后弗里德曼继续钻研，最后使得经济学界出现了一种被称为“货币学派”（monetarism）的经济学派。该学派认为政府的短期政策无用，政府应做的是维持固定的货币供给增加率，即“法则优于权衡”的说法。毕竟货币供给影响短期经济、物价水平，过去每次物价的变动都是货币供给量变动的结果，而“通货膨胀终究是货币现象”。弗里德曼对政府在经济实施精密调节的能力存疑，建议货币供给量由立法解决，即将货币供给量与经济增长速度连动，经济增长速度越快，货币供给量越大，反之则越小。如果货币发行速度超过经济增长速度，则引发通货膨胀。

弗里德曼将经济体系看成一个宇宙，成千上万的个人和家庭单位选择各自的终身计划，从而决定了体系中的所有生产和分配。这些个人和家庭想要在不确定的情况下安排预算，就必须对未来做预测。个人根据自己对未来物价、其他经济因素的预测来分配资源。个人的终身计划是综合物价和货币价值的变动而做成的。凯恩斯学派经济学家不看重货币供给，比较重视财政政策，弗里德曼则重拾货币供给，并视其为关键性的政策变数。

弗里德曼的推论是：在终身计划不确定的情况下，如果“物价”稳定，则经济体系也会是稳定的。他强调，为了减少经济波动的频率和严重性，我们必须有稳定的货币供给。如果以固定的货币供给增加率来防止通货膨胀和通货紧缩，那么短期就业市场的波动也可减少；若以干预经济体系的办法来解决就业问题，就只会使这个体系更不稳定，而且会使原先想解决的问题恶化。货币学派学者鼓吹应该实施物价、工资以及利率的“一般化指数”，以保持购买力。在通货膨胀率快速波动的时期，指数可防止相对价格的扭曲。

1963年，弗里德曼和施瓦茨（Anna J. Schwartz）合著《美国货币史：1867—1960》（*A Monetary History of the United States, 1867—1960*）这部巨著，证实货币对经济、物价水平有影响，并指明20世纪30年代初期的大萧条，在很大程度上是由糟糕的货币政策所导致的。当时，美联储先是因为担心股市的投机行为，因而采取紧缩银根的措施。当人们在1930—1931年到银行挤兑时，美联储又无所作为；而当英国在1931年退出金本位制度时，美联储又不得不提高利率。所有这些都导致了货币供给量的下降，从而导致了消费的减少，最终引发大萧条，弗里德曼在这里又一次说明了货币供给量在短期内对经济是有影响的。

《美国货币史：1867—1960》在开始时就写到，“这是一本关于美国货币数量的书。它探索美国自内战结束后到1960年近一个世纪的货币数量的变化，研究造成这些变化的因素，并分析货币数量对于事态发展所产生的影响”。《美国货币史：1867—1960》有3个结论：一是货币数量的变化与经济活动、货币收入及物价变化密切相关；二是货币与经济变化的相互关系是高度稳定的；三是货币变化常常有其独立的根源，它们不仅仅是经济活动变化的反映。

货币政策的任务

1967年，弗里德曼被选为美国经济学会会长，这是美国经济学界至高无上的荣誉，历届会长接任时所发表的“会长讲词”必定是其毕生研究的结晶，是极受重视的。弗里德曼也不例外，他的演讲题目是“货币政策的任务”（The Role of Monetary Policy）。

他首先提出，经济政策所要达成的一般目标是追求高度的就业、稳定的物价和快速的增长。如果三者无法同时达成，以何者为优先则有不同的意见。而对于达成各项目标所需采用的政策工具的任务，更是有不同的意见。弗里德曼的演说主题是：货币政策这一工具能产生什么效果？贡献有多少？如何操作才能做出最大贡献？

当联邦储备制初建时，许多人认为它对20世纪20年代的经济稳定贡献巨大，因为它能配合经济情势的发展予以“精密调节”（fine tuning）。许多人认为，新时代来临，货币技巧的进步可使商业周期不再发生。但20世纪30年代经济大萧条粉碎了这种天真的想法，凯恩斯指出了一种为何货币政策无力制止经济萧条的说法，并认为萧条之发生是因为投资和其他主动性支出缺乏，而政府支出就可作为弥补，因此财政政策可以取代货币政策，货币一点都不重要，唯一该做的是设法维持低利率，以减轻政府预算负担，以刺激民间投资的增加，使总需求提升。

第二次世界大战后，各国出现的不是经济萧条，而是通货膨胀，货币政策的功效得以重现，美国当时实施的财政政策成效差，因为公共支出常常不能随时配合经济活动的变化而增减，其所产生的效果需经历一段相当长的时间，待效果出现，经济情况已改变，反而让经济产生新的不稳定。于是，20 世纪 60 年代后期，人们对货币政策有效性的信心增强了，增强到几乎与 20 世纪 20 年代同等的程度。不过，这种信心的加强不能过分，因为货币政策固然重要，但非万能。弗里德曼认为，我们与 20 世纪 20 年代后期一样，已面临使货币政策负荷过重的危机，我们要它达成它所不能达成的任务，结果是它无法达成它所能达成的任务。

为了避免这种危机，弗里德曼认为他首先要强调哪些任务是货币政策不能够达成的，以及以我们现有的知识又如何使之发挥最佳的作用。弗里德曼提出货币政策不能达成的两项任务：一是它不能将利率钉住超过一个非常短暂的时期；二是它不能将失业率钉住超过一个非常短暂的时期。弗里德曼提出一个“自然失业率”（Natural Rate of Unemployment）的概念，指的是当经济处于均衡状态时的失业率。当经济处于均衡状态时，不管政府采取什么经济政策，自然失业率都不会降为零，总是会有一部分人失业，或者会有一些人交替轮流处于失业状态。

弗里德曼认为货币政策能做的有 3 项：一是防止货币本身成为经济波动的根源；二是为整个经济社会创造一个稳定的环境；三是能抵消其他政策所引起的经济波动。至于货币政策应如何推行，弗里德曼提出两项基本原则：一是货币当局应该控制它所能控制的数量，货币总量是立即可用的最好的货币政策的准则；二是货币当局应避免政策上急剧的转变。

弗里德曼认为，给自己确定一个稳定而温和的货币增加率，是货币当局对于避免通货膨胀或紧缩的一大贡献，不变的货币增加率会形成一种货币情势，有利于企业基本力量（如机智、发明、勤劳与节俭等）的有效运行，这些基本力量是经济增长的真正源泉。

通货膨胀和失业

根据正统的凯恩斯经济学，“菲利普斯曲线”（Phillips Curve）表示失业率与通货膨胀之间有抵换（trade-off）关系，要降低失业率，就要付出通货膨胀的代价；要降低通货膨胀，就必然会引发高失业率。

菲利普斯曲线是英国经济学家菲利普斯（A. W. Phillips）在1958年提出的。菲利普斯在研究1861—1957年英国的失业率和工资变动之间的实证关系后发现：当工资上升缓慢时，失业率较高，反之失业率较低。两年之后，加拿大的利普西（Richard Lipsey）教授发表论文，将菲利普斯曲线普及化。

菲利普斯曲线变成了一个经济的神秘地带，由于实质工资等于劳动生产力的假设，而劳动生产力又是固定的，于是货币工资增加率和物价上涨率（通货膨胀率）之间有绝对的正向关系，因而菲利普斯曲线就由原先的货币工资增加率和失业率之间的负向关系，变成通货膨胀率和失业率之间的负向关系，这也成为众所周知的菲利普斯曲线。

到底通货膨胀率和失业率之间的关系是如何出现的没人知道，它只是一种实证的观察，缺少坚强的理论基础。但它很快地成为西方国家经济政策的重要依据，因为它暗示着，只要政府启动货币政策来适度提高通货膨胀水平，就可获得政府希望的就业率，因此它不仅反映了第二次世界大战后西方的经验，也提供了政府采取短期经济政策的一个方便的理性基础。这种幻觉扩散的结果，让人误以为产业经济可以像跑车或喷射机一样任意受人控制，也就是可以利用政策来得到民众（至少是政客）所要的通货膨胀和失业组合。有些经济学家（包括弗里德曼）对它提出质疑，但全都被忽视了。

20 世纪 70 年代出现“滞胀”（stagflation），即经济增长停滞（伴随着高失业率）与通货膨胀同时发生，代表凯恩斯经济学的菲利普斯曲线失去解释能力，弗里德曼用“适应性预期”（Adaptive Expectations）来解释滞胀为何会发生。

根据弗里德曼的说法，政府政策刺激经济使价格上涨，生产者以为市场繁荣，于是提高生产，雇用劳动者（生产要素），因而劳动需求提升，工资上涨，劳动者被吸引进入劳动市场，就业增加，失业率下降，但不久之后，劳动者意识到工资上升赶不上物价上涨，也就是劳动者预期到物价的上涨高于工资的上升，于是货币幻觉消失而退出劳动市场，失业率再回到原先水平，但通货膨胀已发生。所以，政府以通货膨胀的政策来降低失业率，即便有效果也只是短暂的；长期来看，这种政策会失效，经济体系会维持在“自然失业率”，物价会上涨。“理性预期”（rational Expectations）理论出现后，政府政策连短期效果也不见了，也就是说政府的干预政策完全无效，因为菲利普斯曲线已不是负斜率的由左上向右下倾斜的曲线，而是维持在自然失业率上，如一条垂直线，也就是说政府的货币政策、财政政策只能让通货膨胀出现，而无法降低失业率。

自由经济理念的阐扬

弗里德曼不只学术贡献巨大，而且在公共政策和经济观念传播上更是让人称赞，他之所以名满全球、受到各界的推崇，后者的表现是主因。在这方面，弗里德曼以演讲、辩论和在报刊上写专栏的通俗文章征服大众，他还受邀到各国访问，甚至深入极权国家向当权者宣扬自由经济理念。

弗里德曼最早评论公共政策很可能是体现在 1946 年和斯蒂格勒合写的《屋顶或天花板》这本小册子上，他们批评了“房租管制”政策，这是最典型的“政府干预物价”，属于“价格上限”，至于“价格下限”的最典型代表则非“最低工资或基本工资政策”莫属，弗里德曼也没错过对此政策的批评。

从 1966 年夏天到 1984 年年初，在《新闻周刊》每三个星期写一篇专栏文章，是弗里德曼传达自由经济观念给一般读者的最重要事项，他总共发表了 300 余篇专栏文章，前 6 年的篇章集结成《一位经济学家的抗议》（*An Economist's Protest*，此书名与坎南在 1927 年出版的书名完全一样。坎南和弗里德曼都崇尚自由经济理念，弗里德曼应是对已过世的坎南表示崇敬才取同样的书名）专书出版，之后又出版了第二本文集《天下没有白吃的午餐》（*There's No Such Thing as a Free Lunch*），该书书名更是闻名全球，人人皆知。该专栏原先是由亨利·黑兹利特一个人单独负责撰写。1966 年，黑兹利特卸下职务，《新闻周刊》主编邀请弗里德曼、萨缪尔森（P. A. Samuelson，1970 年第二届诺贝尔经济学奖得主）以及沃利希（Henry Wallich）三位轮流执笔，每三个星期写一篇专栏文章。弗里德曼代表“古老自由派”或“自由企业派”，萨缪尔森代表“新经济学派”或“新政美联储”自由派，沃利希则是中间派的代表。1974年，沃利希离开耶鲁大学，接受美联储理事职务因而停写专栏；1981年，萨缪尔森也停写，由麻省理工学院的瑟罗（Lester Thurow）接替；1984年，史密斯（Richard M. Smith）接手总编辑职务后两个星期，停掉了瑟罗和弗里德曼的专栏。

接写专栏时，弗里德曼还曾询探过黑兹利特是否不悦。黑兹利特不但向弗里德曼表示没有不悦，还敦促弗里德曼接受。而弗里德曼还拟了一张可能的话题列表，并试写两篇专栏寄给斯蒂格勒批评指教，从而得到了斯蒂格勒的鼓励——他不认为弗里德曼会想不出要写什么。弗里德曼也去电萨缪尔森长谈，也被极力敦促答应。弗里德曼还强调，虽然他和萨缪尔森在公共政策议题上往往意见相左，但两人的私交不错，且尊重彼此的能力和对经济学的贡献。

让弗里德曼夫妇惊讶的是，《新闻周刊》的专栏有专业经济学家阅读，且在专业杂志的文章和纯经济学的著作上，常被引为数据源。弗里德曼起先担心会找不到足够多的主题，后来发现恰恰相反，似乎老是有一个以上的议题迫切需要探讨，问题反而是如何选出最迫切需要抒发己见的议题。虽然所要处理的议题、构想通常来自当时的新闻，但弗里德曼还是利用当前的议题，发展出他认为重要的主题。和弗里德曼所有的学术研究一样，他的专栏文章也分为实证和规范经济学两类。第一类处理纯学术性问题，这类文章大多探讨通货膨胀、货币政策和财政政策。弗里德曼在这方面的看法有时不同于其他经济学家，其中最重要的一个问题是，货币政策相对于财政政策在影响事件发展过程中所扮演的角色问题。罗斯相信弗里德曼的专栏在改变一般民众对这个议题的看法上扮演着非常重要的角色。为了让一般民众了解，弗里德曼对此类议题在技术上力求严谨，但在文字上却力求简单易懂，因而很受民众欢迎，并能将他的观点传播出去。

弗里德曼所写的第二类专栏是把他在《资本主义与自由》书中铺陈的一般性哲学应用到特定的议题或问题上，即他坚信促进个人自由应是社会机制的首要目标。此类文章包括志愿役、社会安全与福利（除其他缺点外，弗里德曼觉得由国家提供福利还侵犯到个人自由）、学校教育（每个人都同意现行教育制度很糟糕，弗里德曼觉得可通过教育券计划在教育中注入竞争而改善教育状况）、邮局（和学校教育一样，情况也很差，如能取消民间从事递信业务的禁令，引进自由竞争，将大受其利）以及其他议题。

在通过《新闻周刊》专栏宣扬自己的哲学的同时，弗里德曼受邀演讲的机会大大增加，其听众涵盖各界人士，包括重视他的经济展望和判断的企业家、前来聆听他演讲的哲学家，以及想了解如何用它来解决社会问题的一般民众。在这方面，和在《新闻周刊》的专栏一样，弗里德曼也做得非常成功，原因是他能用简单的词汇，把不管多复杂的事情都讲清楚。他一直坚持，如果一个人真的懂得他的主题，就不需要用到技术性和复杂的语汇，为《天下没有白吃的午餐》这本书写书评的人就说："弗里德曼有个优点，就是很体贴外行人。就我所知，没有人在那个深奥难解的学术领域中比他更在行；可是在外行人眼里，他就是一个让人觉得这些学术主题简明易懂的传教士。"

结束《新闻周刊》的固定专栏后，弗里德曼偶尔也会向许多报社投稿，他最喜欢投《华尔街日报》，也会投《纽约时报》《华盛顿邮报》，他觉得后两者不太喜欢他的稿子，但采用的篇数还是多于退回的。除了在报纸和通俗性杂志发表专栏文章外，弗里德曼也写了很多更为长篇大论的文章，并发表在《哈珀》《国家评论》《读者文摘》等通俗性杂志上。弗里德曼特别提到《企业的社会责任》这篇文章，它于1970年9月13日发表在《纽约时报》上，这篇文章比弗里德曼的其他文章更常被转载在学术性或通俗性刊物上，这篇文章指出："企业只有一个社会责任，即运用它的资源从事提高利润的活动。但它必须符合游戏规则，也就是说，从事公开和自由的竞争，不能有瞒骗和诈欺。"这篇文章在发表四分之一个世纪之后，弗里德曼每年还拿到相当于最初稿酬1 000美元的转载稿酬，因为这篇文章已是商学院和法学院道德课程的阅读参考。老师希望指定"两案并陈"的阅读材料，由于鲜少有其他经济学家愿意采取那么极端的立场，所以大部分老师把弗里德曼的文章当作一个容易受批评的立场。

值得一提的是，弗里德曼在1970年曾接受《花花公子》

（*Playboy*）专访，弗里德曼自己对此都很吃惊，因为他不认为自己适合出现在《花花公子》上面，但让他意外的是，那本杂志有非常严肃的知识分子版面。他的来访文章出现后，在《花花公子》上读到它的人数以及杂志社收到的读者反馈之多使弗里德曼体会到《花花公子》的严肃读者人数之多超过预料，《自由选择》电视节目制作人安东尼·杰（Antony Jay）第一次接触到弗里德曼的理念，就是因为读了《花花公子》的那篇访谈。

弗里德曼最受瞩目、最有名的通俗著作应是《资本主义与自由》和《自由选择》这两本书。《资本主义与自由》最早是在1962年出版的，由弗里德曼在1956年的一系列演说词集结而成，当年的弗里德曼正当50岁壮年，精力充沛，其生产力达到顶峰。理性预期学派宗师、1995年诺贝尔经济学奖得主卢卡斯认为这本书是弗里德曼思想的精华，既有原创性又极富有哲理。不过，由于这本书立论聚焦于“深恐政府规模扩大，以及深恐福利国家和凯恩斯思想的得势会危及自由和繁荣”，在当时，这被认为是怪异分子、少数团体的言论，不但不受重视，还被视为异端，主流刊物几乎都不理睬，但20年后，书中的自由经济精神却已成社会主流。

这本没有数学符号、没有任何几何图形的叙述性著作，展现出不同于一般人所认定的经济学理，无形中为“自由经济学”做了极有力的辩护。借着身为自由主义分子（不是当今一般所认定的，是书中弗里德曼所定义的）所抱持的“自由”精神，弗里德曼将各个社会中常见的12个重要问题以浅显的文字、流畅的文笔提出精辟的分析。这 12 个问题分别是：经济自由与政治自由的关系；政府在自由社会里的角色；控制货币；国际金融与贸易安排；财政政策；政府在教育方面的角色；资本主义与歧视；独占与企业和劳方的社会责任；执业特许；收入分配；社会福利措施；减轻贫穷。这 12 个问题各以一章来诠释，前二章是基本哲理，后十章则是各个社会的普遍性课题，中心点可说是“政府的角色”。这本书在 1982 年和 2002 年分别再版发行，除了都增加一篇简短的前言外，并未对内容进行任何修改。这么一本超过半个世纪的旧书，如今再读，依然“鲜味扑鼻”。

对于作者本人来说，这在某些方面并非坏事，正如弗里德曼在 2002 年版的前言里所说：“对于本书这么禁得起时间考验，以及还是这么切合当前的问题，我感到非常满意。”这本书“禁得起考验”，证明书中的论证鞭辟入里，经过半个多世纪也尚无人能真正超越或推翻，但这也暗示经济分析在这么长的时间内似乎没有任何有意义的长进，职业经济学家和学界是否该觉得汗颜呢？

另一方面，这本书鲜味未退，不是代表“还是这么切合当今的问题吗”？也就是说，弗里德曼在 50 多年前针砭的问题目前还存在，甚至变本加厉，他所建议的自由主义对策大多仍被束诸高阁。

没错！正如这本书的中文译者谢宗林先生在“译者序”中所言：

过去半个世纪，除了自由浮动的汇率与自由贸易（见本书

第四章）在某一程度内普遍被世界各国实行，算是自由主义的一项有限与暂时的胜利外，政府对货币市场的不当干预与裁量管理仍然是经济激烈波动（如2007年与2008年美国房屋抵押次贷危机与席卷全球的金融大海啸）的一个重要肇因（第三章）；凯恩斯的经济神话仍然为实际造成经济不稳定的财政政策张目，政府“对经济生活进行深远干预，以取得广泛的民意支持”（第五章）；政府对教育的补贴仍然是补贴学校而不是补贴学生（第六章）；弱势族群仍然“倾向把他们切身遭遇到的一些残余的限制归咎于资本主义，反而没看出那些限制之所以能变得像实际那样微小，自由市场其实厥功至伟”，他们仍然要求政府干预市场的自由交易（第七章）；政府协助与纵容仍然是企业与劳方独占的一个主要因素，而腐蚀自由经济根基的所谓企业应负“社会责任”的邪僻言论仍然甚嚣尘上（第八章）；无异于中古世纪的行会制度“限制人们的自由，不准他们按照他们自己的意思运用他们自己的能力，除非经过特许”的规定（如医师、律师与会计师的执业证照规定）仍然与我们同在（第九章）；没有实效但造成资源严重浪费的个人收入税累进税率仍被认为是改变收入分配的主要工具（第十章）；各种实施结果与实施美意大相径庭的社会福利措施仍在不断被推出（第十一章）；名为帮助穷人的措施，结果往往只是“帮助属于某些特定职业团体或某些年龄层或某些工资率阶层或某些劳工组织或某些产业的成员”，反倒和他们是否贫穷无关（第十二章）。

既然政府干预的成绩是这么难看，那么为什么不仅旧的干预很难移除，而且新的干预还纷至沓来呢？为什么发达于自由主义传统的国家会越来越倾向政府干预呢？弗里德曼引述19世纪英国法学家与宪政理论家戴雪（A. V. Dicey，1835—1922）的话帮他回答："国家干预，特别是以立法的形式实施的干预，其有益的作用是直接的、立即的，并且可以说是显而易见的；而干预的有害作用却是渐进的、间接的，出现在远处而看不见的……大部分人民也不会牢记国家督察员可能是不称职的、疏忽职守的，甚至偶尔是腐败的……很少有人能领会国家援助会扼杀自主这个不可否认的真理。因此，大多数人必定总是会对政府干预过分青睐有加。唯有社会上存在着……一种支持个人自由，即一种支持自由放任的偏见或预设立场，才能够抵抗这种自然的偏见。因此，仅仅是自助的信念减弱——而这种信念的减弱无疑已经发生——本身便足以解释那趋向社会主义的立法增长。"（第十三章）

是的，只看到干预对特定团体带来直接、立即与显而易见的好处，而不顾渐进、间接与在远处而看不见的害处，加上个人自助的信念减弱，肯定是近20年来台湾地区在历次民主选举的浪潮中之所以逐渐往温热式的福利主义漂移的根本原因。"经济学之父"亚当·斯密曾说："国家不会一下子就毁了。"问题是，如果人民大多不思自己负责与自助；记不住政客和官员可能不称职、疏忽职守，甚至偶尔腐败，只要求国家赋予近利而不顾他人和下一代的负担，大多是这样的自私卸责与短视不智，国家焉能不毁？

《资本主义与自由》内容历久弥新，弗里德曼在1982年版的序言中就说得非常明白，他写道：

……这是一本以一般读者为目标且只由一位任教于一所美国重要大学的教授所写的书，并且这本书在往后的18年卖出了40多万册。假如一位具有相当于我的学术地位的经济学家，写了一本赞同福利国家或乌托邦的类似作品，也会得到如此漠视的待遇，那实在是不可能的事情。

过去25年来，学术气候的巨大转变，可由我妻子和我合著的《自由选择》一书所受到的非常不同的待遇得到证明。《自由选择》一书发行于1980年，在思想上直接承袭《资本主义与自由》。《自由选择》得到了所有主要刊物的评论，而且通常是具有特色的长篇评论。《书摘》不仅摘述该书，而且用它为封面做宣传。《自由选择》出版后的第一年就在美国卖出40万册精装本，1981年年初印行普及版，而且已被译成12种外国文字。

我们认为这两本书被接受程度的不同，不在于质量的差别。事实上，较早的那本较着重于哲学思想，也较抽象，因此是较为基本的。而《自由选择》，如同我们在该书的序言所说的，“较多精微实例，较少理论架构”，《自由选择》补足而非取代了《资本主义与自由》。从表面上看，读者对这两本书有不同的接受程度，可以归功于电视的力量。《自由选择》是根据我们在公共电视台同名的节目而设计的，原本也是要伴随该节目的推出而销售。毫无疑问，电视节目的成功，凸显了该书的卓越。

这种解释相当肤浅，因为电视节目本身的存在和成功，正可证明学术气候的改变。在20世纪60年代，从未有人来找我们制作像《自由选择》这样的电视节目；这样的节目即使有赞助者的话，也必定很少。如果真的制作出这样的节目来，观众也一定少得可怜。因此，《自由选择》受到的不同待遇，以及电视影集的成功，正是舆论气候改变的必然结果。虽然我们这两本书的论调依然称不上知识的主流，但至少现在已得到知识分子的尊重，而在广大的读者群中也几乎要被视为经典作品了。

舆论气候的大转变

弗里德曼又说：

舆论气候的改变来自经验，而非理论或哲学。苏联曾经是知识阶级的大希望之所寄，如今很明显已经被唾弃了。英国的费边社会主义曾经对美国的知识分子产生极大的影响，也早已身陷困境。回头看看美国，一向热衷于大政府的知识分子，其中大部分又为民主党的支持者，在经过了越战，特别是看到肯尼迪和约翰逊两位总统所扮演的角色后，已大失所望。许多伟大的改革计划，诸如国民住宅、工会、学校的种族融合、合并学区、教育补助、反歧视运动，这些过去代表福利的旗帜，如今已多化为灰烬。和其他人一样，鼓吹改革计划的经济学家，他们的袖珍本著作也受到通货膨胀和高税率的冲击。是以上这些现象，而不是理论书籍洋洋洒洒陈述出来的理念，解释了1964年戈德华特的大败到1980年里根大胜之间的转变。戈德华特和里根这两个人提出了相同的计划，也传达了相同的信息，却拥有截然不同的命运。

那么，像本书一样的同类书籍，它们所扮演的是什么角色呢？就我看，有两个方面：

首先，是提供了自由讨论的题目。如同我们在《自由选择》一书的前言中写道："唯一能真正说服你的人便是你自己。你必须让各种论题自在地在心中翻动，必须去考虑许许多多辩论，让这些辩论不断翻腾，过了很长一段时间之后，把你的偏好变为坚定的信仰。"

其次，也是较为基本的是，在环境必须做转变之前，保有开放的选择空间。在私人行事中，尤其是在政府的体制中，都存在着一种巨大的惯性，这种惯性可以说是维持现状的残暴。它只有在面临危机时——不管是实际发生的还是预期到的危机，才能产生真正的改变。一旦危机发生，我们应付危机所采取的行动，是依当时社会广为流传的理念而定的。我相信这就是我们的基本功能，即按照现存的政策发展出不同的方案，使这些方案持续存活且具有可行性，直到它们从政治上的不可能实行变为政治上的不可避免。

《自由选择》补足《资本主义与自由》

经由弗里德曼的自述，我们已经知道《资本主义与自由》与《自由选择》两本书是互补而非替代性的，而《资本主义与自由》虽也讨论了12项社会重大议题，但因较偏向哲理、抽象、原创性和严谨性，较难被普罗大众接受，因而没达成弗里德曼“以一般读者为目标”的理想。而这本《自由选择》因脱胎于电视节目的脚本，借由日常生活中诸多实例，以平易近人的文字撰写，于是结结实实地打动了凡夫俗子的心坎。

这本《自由选择》共分十章，由“市场力量”开始，再谈“管制”的专横，接着剖析20世纪30年代大萧条的真相，第四章以“从摇篮到坟墓”为题解剖“社会福利”的迷思，第五章探讨“公平、正义”这个吊诡课题，第六章到第八章分别对“学校教育”、“消费者”以及“劳工”的福祉是否应由政府负责做翻案式解剖，第九章针对“通货膨胀”这只怪兽的出现及消除做探索，最后一章对正走向“人的自由和经济自由”两个观念的时代潮流做出总结。

弗里德曼在1980年时认为，美国人正在觉醒，也再度认清“受到过度管理的社会很危险”，也了解“好目标会被坏手段搞砸”，而“依赖人的自由，根据他们本身的价值去控制自己的生活，是充分实现伟大社会的完整潜力，是最可靠的做法”。所以，弗里德曼以“也幸好，身而为人，我们仍然能够自由地选择应该走哪条路——是否继续走政府越来越大的路，还是喊停和改变方向”，作为全书结语。

不过，弗里德曼虽庆幸美国人有选择的自由的权利，但他在1993年2月于《资本主义与自由》1982年版的中文版作者序中，却提出了震撼人心的警语。

经济自由倒退

弗里德曼写道：

我很高兴，《资本主义与自由》的中文版能在中国发行。虽然该书英文第一版发行于30年前，但书中所揭示的理念是永恒的。

那些理念既适用于30年前，又适用于今日，就某个层次而言，可以说更能切合当前的局势，政府干预市场的年代已因舆论而有所改变。当年批判政府干预属于极端且激进的论点，如今已被广泛接受。尽管如此，政府干预的行为并未随着观念的改变而发生同等变化。

相反，在美国和其他西方国家，政府的角色自20世纪60年代以来，非但没有减弱，还有增强之势，今天的政府花掉国民收入的一大部分，采取更多的管制，且更细腻地干预到个人的生活……我们相信，我们正在进行的任何事情都是正确的。

其实不然，似乎我们正努力走向50年前的苏联，而苏联却正努力走向75年前我们所处的国家形态。

…………

以美国为例，我确信反转目前的方向且改行缩小政府规模和减少侵犯个人事务是极为迫切的做法。我们的行为有必要配合我们所说的话。

美国和其他发达国家的例子显示：一个国家一旦透过市场机制赢得繁荣，就常有强烈的倾向走向苏联那样的国家主义，维持市场机制的运作可能比导入市场机制来得困难。

“政策买票”在中国台湾有效

把弗里德曼以上这篇序文一字不漏地搬到《自由选择》中文版作为序文也许会更为适合，因为此时的我们就像弗里德曼说的美国和其他发达国家一样：“一旦透过市场机制赢得繁荣，就常有强烈的倾向走向苏联那样的国家主义，维持市场机制的运作可能比导入市场机制来得困难。”

我们还可以见到大小选战时的各候选领导人为了赢得中国台湾领导人的选举，竞相加码不断提出“利多政策”来讨好选民。他们之所以胆敢如此公然“政策买票”，就是看准民众喜欢“社会福利”等政策。果真如此，不是正暴露出中国台湾民众对“社会福利等利多政策是糖衣毒药”的无知吗？如果中国台湾民众都能有幸读到这本《自由选择》，就不太可能认同这种政策，也就不会饱尝苦果了。

不朽的名著没有过时的翻译

值得一提的是，《自由选择》刚在美国出版时，中国台湾长河出版社的中译本也随即在1982年面世，但与2008年已相隔26年之久，而且正如自由经济学前辈夏道平先生在其《人的行为》译著的修订版译者序中一开头就说的："不朽的名著，没有'时效'问题，因而也没有'过时'的翻译；有的，只是无常的'时运'。"他恭维米塞斯大作的话语，也同样适合弗里德曼夫妇的这本《自由选择》。

不论是《自由选择》还是《资本主义与自由》，所谈的其实就是"国家与政府的适当角色如何扮演"，我们最后就从根本上来省思此课题。

在任何社会，尤其是在一个"自由"社会里，主体应是活生生的"个人"，由于个人在求取"自利"过程中必须与别人交往，而且在发挥自由意志的行为中，又难免会彼此妨害到对方的行为，为了免于此种妨害，或者降低妨害的程度，乃有必要由个人一起"自愿"地组成国家，以政府的力量来维护个人的自由，使个人免于受到外来敌人和自己同胞的侵犯。政府所用的工具是法律（公正而合理的），而以军力维护国防，以警力维持治安，以司法强制私人契约的履行，其最后的目标则在保护每个人的生命财产安全及自由。

国家和政府应是"生成的"

对于政府和国家任务的此种认知，是典型信奉自由经济者的信念，在此种认知下，个人应该要问"我和我的同胞，如何能利用政府"来帮助我们分担个人的责任，来达到我们各自的目的，更重要的是，如何来保护个人自由？伴随这个问题而来的另一个问题是：如何避免我们创造出来保护我们的政府，反成摧毁我们个人自由的怪兽？

毕竟，政府本是个无机组织，其运作者仍然是凡人，既然是凡人就有私心在，而由于运作政府这个组织有着极大的“权力”，而权力一旦集中在某人身上，便极易成为威胁个人自由的利器，因为人性使然，很难抵抗权力的诱惑，更难避免被权力腐化，而且如阿克顿公爵（Lord Acton，1834—1902）所言：“绝对的权力代表绝对的腐化。”弗里德曼更在1962年时就提醒我们：“虽然支配权力的人，最初可能出自善意，甚至起初也未因自己可以运作的权力而腐化，但是权力终究会对人产生致命的吸引力，终而将其改头换面。”

弗里德曼的诤言须谨记

弗里德曼在《资本主义与自由》的导论中一开头就对美国最有名且颇受爱戴，但被暗杀的约翰·肯尼迪的名言提出质疑。那是肯尼迪总统在就职演说中说的：“不要问你的国家能为你做什么，要问你能为你的国家做什么。”而这两句话常常被有权力的人引用以对下属耳提面命。

弗里德曼纳闷地问道：“我们这个时代对这两句话的争论居然是放在句子的出处，而非其内容。”他认为这两句话都未能表达出一个自由社会中自由人理想的公民和政府之间的关系。因为以父权的口吻说“你的国家能为你做什么”隐含了政府是保护人，而公民则是被保护者，这和自由人认为必须为自己的命运负责的看法是冲突的。而“你能为国家做什么”这种社会组织观点的看法，则隐含了政府是主人或神祇，而公民则是仆人或崇拜者。

弗里德曼进一步告诉世人，对自由人来说，国家是由个人组成的集合体，并非高于个人的事物。自由人所引以为傲的是共同的文化遗产，并忠于共同的传统。自由人将政府视为一种工具和媒介，而非恩典和礼物的施予者，或是被盲目崇拜和予以服侍的主人或神祇。除了公民个别奋斗的共同目的外，自由人也不认为有什么国家的目的。

极权是自由的一大威胁

弗里德曼又说，自由有如一株珍奇脆弱的植物。我们的心智告诉我们，历史也证实了，极权是自由的一大威胁。政府的存在对于保护我们的自由是必要的，政府是一种工具，可借以实践我们的自由；但是，如果将权力集中在政客手上，那么也会对自由造成威胁。

那么，我们如何既能从政府的保证中得到好处，又能避免政府对自由的威胁？弗里德曼给的答案是美国宪法中的两大原则：一是政府的规模必须加以限制；二是政府的权力必须加以分散。不过，弗里德曼也坦白地说，实际上，人们一再地违反这些原则，把违反原则的内容当作箴言，主要还是因为他们自己的“无知”。

弗里德曼夫妇的这本《自由选择》就是让这两大原则得以实现和维持的一盏明灯和利器，它实在是所有人都必须一读的宝书。

第四章

芝加哥学派

任何想要了解世界、想要使用经济理论来分析世界行为方式的人，都迟早会认清政府干预市场的缺失；甚至好意的干预者也会发现，他们的美梦终将成空，即最后的结局与他们所想要得到的不同。

自20世纪80年代初开始，在苏联阵营中发生了接二连三地倒向市场经济体的多米诺骨牌效应；同时，在美国阵营中，在英国首相撒切尔夫人和美国总统里根的带动下，各个国家也掀起了“民营化”风潮。这两股涵盖全球的经济自由潮流，让世人大都认定自由经济已成主流，政府管制将逐渐消退。可是弗里德曼在当时却独排众议、大泼冷水，在诸多演讲场合一再提醒世人，勿为假象所迷，明确的文字见诸他在1993年2月为《资本主义与自由》中文版特意写的序文：

我很高兴，《资本主义与自由》的中文版能在中国发行。虽然该书英文第一版发行于30年前，但书中所揭示的理念是永恒的。

那些理念既适用于30年前，又适用于今日，就某个层次而言，可以说更能切合当前的局势，政府干预市场的年代已因舆论而有所改变。当年批判政府干预属于极端且激进的论点，如今已被广泛接受。尽管如此，政府干预的行为并未随着观念的改变而发生同等变化。

相反，在美国和其他西方国家，政府的角色自20世纪60年代以来，非但没有减弱，还有增强之势，今天的政府花掉了国民收入的一大部分，采取更多的管制，且更细腻地干预个人的生活……我们相信，我们正在进行的任何事情都是正确的。

其实不然，似乎我们正努力走向50年前的苏联，而苏联却正努力走向75年前我们所处的国家形态。

……

以美国为例，我确信反转目前的方向且缩小政府规模和减少侵犯个人事务是极为迫切的做法。我们的行为有必要配合我们所说的话。

美国和其他发达国家的例子显示：一个国家一旦透过市场机制赢得繁荣，就常有强烈的倾向走向苏联那样的国家主义，维持市场机制的运作可能比导入市场机制来得困难。

在这篇极短的文字中，弗里德曼从头到尾都在传达这句警语，不仅仅断言政府干预的行为并未随着观念的改变而同等变化，更认为在西方国家，自20世纪60年代以来，政府的角色非但未减弱，且有增强的趋势。政府既花掉国民收入的一大部分，又采取更多的管制，更细腻地干预个人的生活，他又感慨地说，美国和其他发达国家的例子显示，一个国家一旦透过市场机制赢得繁荣，就常有强烈的倾向走向苏联那样的国家主义，维持市场机制的运作可能比导入市场机制来得困难。

1997年7月，“亚洲金融风暴”爆发，各国政府纷纷实行干预措施，连经济学界也偏向于指责这是发展中国家“过度自由化”惹的祸。曾经怀疑弗里德曼的说法，甚至认为这些说法是危言耸听的人士，口口声声“不反对”自由化，但却保守地认为应有“秩序地”予以自由化，不能为了自由化而自由化，至于谁来决定自由化的秩序，则顺理成章地指向政府，再加上“市场失灵”被决策者挂在嘴边，而“短期不救将崩盘”的说法也深入人心，于是各国政府名正言顺地公开实行干预措施。在这反自由化气焰高涨的当口，老迈的弗里德曼又重新扮演经济学界的鳗鱼，以“虽千万人吾往矣”的胸怀，挺身捍卫自由经济，他不但大声斥责中国香港的救市措施，更认为国际货币基金组织早该被取缔。虽然他的主张实际上很难扭转趋势，更不可能成为各国政策，但对其“道一以贯之”的精神，世人都极为敬佩，即使主张相异者也是如此。而他为何终其一生坚持自由经济？为何深信市场机制才是促进人类福祉的正确方式？其实，由他领头的“芝加哥学派”就是答案所在。那么，芝加哥学派到底是什么？主张什么？这种思潮是会消失，还是会一直流传下去？

芝加哥学派的出现

如前文所言，弗里德曼是芝加哥学派最具代表性的人物，因而一提到芝加哥学派，大家就一定想到弗里德曼。虽然他又被称为“重货币学派”的龙头，但该学派其实就是芝加哥学派在某个阶段时的称呼而已，而所谓的芝加哥学派，其明确的定义及解说，恐怕也是在弗里德曼手里完成的。弗里德曼在其一篇名为《芝加哥学派》的讲稿（据说是在某年新生训练时，对新入学的芝加哥大学学生的讲词）中，开宗明义地说：“对全世界的经济学家来说，芝加哥这个名词，指的并不是一个城市，也不是一所大学，而是一个学派……”弗里德曼可以说极为传神地道破了芝加哥学派的地位。这里有必要强调，本文所指，也是一般人所认为的芝加哥学派，指的是“芝加哥经济学派”，不是远流出版公司于 1993 年 8 月 1 日出版的那本书名就叫作“芝加哥学派”的书中所指的芝加哥学派。记得香港《信报财经新闻》“欣然忘食”专栏作者史威德曾于 1991 年 11 月 2 日在该专栏写过，其在伦敦看到此书（*The Chicago School—A Liberal Critique of Capitalism*）时，以为是评介芝加哥经济学派之作，即刻购下，回家一读方知“中计”，原来是批评芝加哥社会学派的一本书，与经济学完全无关。

要追溯芝加哥学派的起源并不容易，不过，总有几十年的渊源，因就从弗里德曼领头的岁月来说，也已有 50 多年了，何况他又不知算是第几代呢！而就从近期来看，可以溯自奈特，与其同期的著名成员还有维纳以及西蒙斯；如果要追溯得远一些，亚当·斯密又可说是芝加哥学派的开山祖师，弗里德曼曾说："……亚当·斯密生错了时代，也生错了国家，否则他一定是芝加哥大学的杰出教授。"我们也知道，亚当·斯密是以"自由放任"的自由经济闻名的，由此也可得知"自由经济"思想在芝加哥学派所占分量之重了。

另一位被称为芝加哥学派健将、在1982年获颁诺贝尔经济学奖、于1991年年底去世的斯蒂格勒，在其1988年出版的亲笔自传的第十章"芝加哥学派"中，一开头就这样说："在第二次世界大战末期，朝圣山学社首次聚会之前，经济学领域中尚未出现芝加哥学派这个名号。"因此，将弗里德曼和斯蒂格勒的说法综合可知，芝加哥学派名号的奠定是因为奈特、弗里德曼、斯蒂格勒、戴雷科特4位芝加哥大学教授参加1947年第一届朝圣山学社会议，其人数在36位与会者中占了九分之一。芝加哥学派迄今之所以享有盛名，应得力于弗里德曼在学术圈和公共政策领域都有显赫功绩。因此，要明确得知芝加哥学派的特色，还得由弗里德曼来现身说法。

芝加哥学派的三大特色

芝加哥学派有三大主要的特色：① 不仅将经济学当作一门学科，也将其当作科学；② 在讨论经济政策时，相信唯有自由市场才能有效组织资源，而怀疑政府干预经济事务的成效；③ 强调货币因素对整体经济体系的重要性，而特别着重于货币数量是造成通货膨胀的关键因素。以下分别详述之。

芝加哥学派的第一大特色——实证经济学

就弗里德曼而言，在这三大特色中，他特别强调第一个。他认为，芝加哥大学对世界经济思潮开始造成影响，应溯自 1892 年芝加哥大学经济学系的成立，该系一直都把经济学看作与现实世界相关的严肃学科，而且，也认为经济学是一种“实证科学”，即是一种可以广泛应用到许多课题上的分析方法。

经济学作为一种实证科学，是经由应用、检定、改进这 3 个过程，不断地循环而成的。这种将科学和经济学浑然视为一体的态度，其实并未被全部的芝加哥学派学者接受，尤其是早期的领袖们更不以为然，像奈特教授（弗里德曼的老师）就没兴趣将经济学发展成为一门实证学科，因此，奈特比较像是哲学家而不是科学家。

尽管将经济学视为实证科学并未被所有芝加哥派学者们接受，不过，弗里德曼仍确定其是芝加哥学派最重要的观点。其实，这个特点之所以特别为弗里德曼所强调，还有其他的重要理由。其一，这是芝加哥学派与奥地利学派的重大差别所在；其二，正是因为经济学能够成为实证科学，才使其在社会科学中享有后冠，也才使经济学家在1969年开始被列为诺贝尔奖的颁授对象，因为唯有能够实证，才可拿出证据来赞同或反对某些政策，也才使经济学与现实生活有着密切关系。自1969年诺贝尔经济学奖设立以来，每年还是会有“经济学是否是科学？”的争议。讲到这里，我们就不能不特别提到斯蒂格勒这位当代的重要人物。

如果说经济学家被诺贝尔奖评审委员青睐，真是因为经济学是门实证科学的话，那么斯蒂格勒教授在1964年于第77届美国经济学会年会的会长演说词就可以说是贡献非凡了。那篇演说词的题目是“经济学家和国家”，该文对于经济学家未能对政府的公共政策做有用的实证研究，表示了极大的不满和不解。当时，斯蒂格勒就说：“两百多年来，国家的经济角色一直受到学者的注意，却没有引起这些学者打破砂锅问到底的决心。我相信，在欧陆和英美的文献中，终年不断的辩论总脱离不了抽象的谈论范围。经济学家既不想弃问题于不顾，也不想真正加以探究。”接着，他提出数个疑问：“为什么坊间有关如何评估资产的文献汗牛充栋，却没人就管制团体对价格和费率的影响做出评估？为什么指责侵犯个人自由的言论声浪震天，却没人积极探讨各项福利措施对收入分配的影响？为什么我们一直甘于让政策问题留白？”在提出这些疑问之后，他提出了一个重要的需求："我们需要一套有关政府行动的正式理论，或是一系列关于政府和私人控制经济活动之比较利益的实证研究。"

斯蒂格勒之所以特别重视政府的公共政策，乃因公共政策的影响层面最深、最广，而想要政府能够制定完善的公共政策，我们只有在用证据显示公共政策的影响效果，即在"拿出证据"之后才能大声说话，才可以避免受特权、利益团体的左右。

因此，实证研究显得特别重要，而在当时，许多数量分析的新技巧已经出现了，斯蒂格勒很兴奋地比喻说："数量分析的新技巧之威力强大，就像是用先进的大炮代替了传统的弓箭。"他更进一步地指出："这是一场非常重要的科学革命，事实上，我认为所谓的李嘉图（D. Ricardo）、杰文斯（W. S. Jevons）或凯恩斯的理论革命，比起势力越来越强大的数量研究的牵连之广，只能算是小改革罢了。我认为，经济学终于要踏进它黄金时代的大门了。不！我们已经一脚踏进门内了。"就是由于有此体认，斯蒂格勒在该文的末了这样说："我对于我们这一门学问的光明远景感到无限的欣慰……过去半个世纪的经济学，证明了我们的数量研究，无论在影响力上，或在谨慎的程度上，抑或在尝试的勇气上，都大大地增加了。我们日渐扩展的理论和实证研究，将无可避免地、无可抗拒地进入公共政策的领域，并且，我们将发展出一套制定明智政策所不可或缺的知识体系。而后，我非常殷切地希望，我们将会变成民主社会的中坚人物和经济政策的意见领袖。"

其实，在斯蒂格勒此篇大力呼吁重视实证工作的大作之前，他自己已经以身作则地率先从事有关“电力管制和证券市场管制”的先锋式实证研究。也由于亲身体验到“拿出证据来”的重要性，才有感而发地发表该篇大作。事隔5年之后的1969年，诺贝尔奖首次颁给经济学家，而得奖的就是两位著名的“经济计量专家”——弗里希（R. Frisch）和丁伯根。由这个事实，也可印证上文所言——实证经济学是何等被看重。之后，较年轻一代的芝加哥学派健将赫克曼（J. Heckman, 2000年诺贝尔经济学奖得主之一）更是坚信：“将经济学置于可供实证的基础上……如此一来，经济学就可能会有所进展。”

因此，弗里德曼将实证经济学列为芝加哥学派的第一个特色，而且特别强调它并不是没有道理的。

芝加哥经济学派的第二大特色——自由市场

芝加哥学派的成员中，有些成员时常发表关于公共政策的意见，因而才使芝加哥学派能见诸媒体，使该学派为人所知。这些人在对公共政策发表意见时，都强调自由市场所扮演的重要角色。弗里德曼说：“我敢担保，世上没有任何一群经济学家能像芝加哥大学这派人一样，长久以来，如此一致地强调自由市场的特质，而且将其做广泛的应用。”他所指的广泛应用，是说芝加哥大学经济学系聘任教师，都能以其聪明才智为准，而不管他们的政策观点为何。弗里德曼夫妇在1998年出版的自传《两个幸运的人》第十四章中，一开始就强调芝加哥大学经济学系自创系以来，一直就是主张自由市场经济的重镇，因为系里一直有些知名学者持有自由经济思想，且能有效地表达、发扬这些观点。但他又强调，他们一向是少数派，因为芝加哥大学经济学系的特色是教授们的政策观点百花齐放，并非定于一尊。弗里德曼认为，这种强调自由市场的政策方法，并不与科学的方法相抵触。他甚至强调：

任何想要了解世界、想要使用经济理论来分析世界行为方式的人，迟早都会认清政府干预市场的缺失；甚至好意的干预者也会发现，他们的美梦终将成空，即最后的结局与他们所想要得到的不同。

这种重视市场机制的自由经济特色，延续了古典经济学家的传统，而且将这种传统发扬光大了。其实，当前的专家或政客，甚至一般民众，都认定自由市场就代表芝加哥经济学派，而这个特点也是芝加哥学派和奥地利学派的最大共同点，后者对自由经济的引申更甚于前者。

芝加哥经济学派的第三大特色——重视货币

这个特色应该是弗里德曼所奠定的。我们知道，在学术圈中，货币学派（Monetarist）是颇为出名的，而其领导者就是弗里德曼。因为这些学者极力强调“货币重要”，因而便有了“货币学派”。在1998年出版的自传《两个幸运的人》的第十五章“教学授课”开头第一段，弗里德曼就明言，在他1953年成立“货币金融工作室”之后，才促成了所谓“芝加哥学派货币经济学”的诞生。这个特色也是科学方法的一部分，是分析货币在经济体系中所扮演的角色。其实，关于货币角色的分析，是极为久远的事，但将之置于政策上，却是20世纪30年代之后才有的。由于当时凯恩斯理论几乎席卷经济学界，对于货币的重要性不屑一顾［从“货币无关紧要”（Money does not matter.）这句流行话语就可见一斑］，当时就只有芝加哥大学是唯一相信货币因素对整体经济体系极为重要的研究机构。

以弗里德曼为首的芝加哥学派学者认为，货币政策的重点是货币数量的变化，而不是利率的变化。货币数量的变动对产生通货膨胀、衰退和萧条而言，都扮演着重要的角色，由弗里德曼的名言“任何通货膨胀都是货币现象”就可知其重要性。弗里德曼认为，政府维持稳定的货币数量增加率，是其应实行的适当政策。关于货币数量的重要性大于利率这种看法，早已被广泛接受，但在“以法则替代权衡”的主张上，却仍无法被完全接纳。毕竟，人是重视权力的，而全世界的中央银行总裁、政客仍旧希望以人为措施来调整货币体系，认为只有这样才可以平抑商业周期，而使经济体系维持稳定。弗里德曼在其自传里回忆他在会见多国领袖并谈及各国经济问题解决之道时，半开玩笑地庆幸其“固定法则”的主张没被采纳，否则他的发言机会就会大为减少。

综观弗里德曼所提出的芝加哥经济学派的三大特色，就第一个和第三个而言，现今已大致被其他各个学派认同，而只有第二个还保持其独有的强烈特色。或许就是因为如此，如今才有“自由经济”和“芝加哥学派”浑然一体的一般看法。不过，严格说来，此种特色却不是芝加哥学派的专利，奥地利学派的学者更是死心塌地地信服自由市场。

芝加哥学派的人与事及其演化

芝加哥学派的萌芽

虽然“芝加哥学派”这一名词在1947年就已出现，且由弗里德曼发扬光大，但一般都习惯将奈特视为芝加哥学派的始祖。不过，身为奈特嫡传弟子之一的斯蒂格勒却有不同的看法。斯蒂格勒之所以不认同奈特作为领导者的20世纪30年代就形成了芝加哥学派，最主要是因为弗里德曼所标榜的该学派三大特色在当时还没有成形，而且奈特本人的主张也与这些特色不完全相同。斯蒂格勒指出，奈特固然对中央经济计划颇为敌视，但对竞争经济的伦理基础也同样严厉批评，而且他对数量方法也甚为排斥。西蒙斯和维纳两人被一般学者认为与奈特同是芝加哥学派的创派人物，但这两人的主张是否合乎弗里德曼所提的芝加哥学派特色，也同样受到斯蒂格勒的质疑。斯蒂格勒提到西蒙斯有一本很有名的著作，名叫《自由放任的实政计划》(*A Positive Program for Laissez Faire*)，在1934年出版。本书书名虽标榜“自由放任”，但内容却表现了一种奇怪的自由放任，因为西蒙斯认为电话和铁路之类的基本工业应归国有，并极力促进收入税的公平政策，并对广告之类的商业活动制定详细的管制政策，也就是说，西蒙斯的计划“乃是社会主义计划经济与资本主义市场经济和平共存”。不过，他在货币政策上却坚决认定必须遵循法则而反对采用权衡性政策来操纵，这也深深影响了往后弗里德曼的货币思想，而终于形成芝加哥学派的三大特色之一。至于维纳这位具有 19 世纪自由倾向的大师，虽也和奈特一样对经济思想深感兴趣，而且致力于新古典价格理论的研究，但并不反对数量化的技术，且积极扮演政府顾问的角色，对罗斯福的“新政”也不像奈特那么反对。同时他也是将理论应用于国际贸易和货币理论相关课题的先驱，他还会经常参与政府事务，在 1945 年也接受普林斯顿大学的聘约而离开芝加哥大学。弗里德曼不但是维纳的学生，还在芝加哥大学接手维纳的课程，由此角度推断，弗里德曼比较有可能承接了维纳的思想，而维纳居为芝加哥学派的先驱者也较有道理。

斯蒂格勒之所以不认为芝加哥学派起于 20 世纪 30 年代，另一个重要原因是当时的芝加哥大学经济学系充斥着各类人马，并不纯粹抱持相同的信念，不论是在方法论上还是公共政策上都是如此。其中以“制度学派”（Institutionalist）为代表，这派人物以劳动经济学家米利斯和道格拉斯最有名；舒尔茨则是数量方法的权威，是估计需求曲线的先驱，他教授研究所的数理经济学和数理统计学；而道格拉斯则是衡量生产函数和实质工资与生活成本的领导者。这个领域与奈特南辕北辙，而奈持与道格拉斯两人之间的恩怨也广为人知，斯蒂格勒在其亲笔自传中还特别以专章（第十二章）评述了这场恩怨。这些知名人物彼此之间的恩恩怨怨，在弗里德曼夫妇的自传里也多有着墨，有兴趣者可一窥究竟。

尽管 20 世纪 30 年代的奈特领军时期并不被斯蒂格勒认为是芝加哥学派的出现时间，但至少可说是酝酿时期，因为奈特等主要人物虽有不同观点，但对价格机制和自由市场的看法之崇信和坚守却是无庸置疑的。而且奈特对于“团队”（group 或 cluster）的培养也颇有成效，这也应该是形成学派的一项重要因素，曾被称为芝加哥学派三剑客的弗里德曼、斯蒂格勒及沃利斯都是奈特的爱徒。

除学派形成的客观条件并不十分成熟外，也似乎并无学者在 20 世纪 30 年代提出芝加哥学派的字眼，甚至维纳和其学生也宣称当时并无明显的芝加哥学派名称或学说之形成，而斯蒂格勒也未发现在 1950 年以前的经济学界有认知芝加哥学派的迹象。而且如上文所提，斯蒂格勒指出，在 1947 年朝圣山学社的创社会议中，才出现芝加哥学派的称号。直到 1957 年，张伯伦（E. H. Chamberlin）在其《朝向更一般化的价值理论》（*Toward a More General Theory of Value*）一书中专章介绍芝加哥学派，斯蒂格勒说这是他所发现的最早且最明确介绍芝加哥学派的文献，而米勒（M. L. Miller）在 1962 年发表于《政治经济学杂志》（*Journal of Political Economy*）上的一篇文章，则是最先完整介绍芝加哥学派及其中心思想的论文。因此，至少在 20 世纪 60 年代，芝加哥学派就已正式成形而且广被认同，同时也受到不少贬抑。

芝加哥学派之奠基及发扬

芝加哥学派之所以有其不朽名声，最主要的关键人物非弗里德曼莫属，他于 1946 年重返芝加哥，此后即致力于奠定芝加哥学派的重要工作，首先，使暮气沉沉的货币经济学之研究重现生机，重新赋予货币数量学说新生命（他不但将之用以研究经济行为，且对凯恩斯学派做了激烈攻击，甚至得到“反革命”的称谓）；其次，弗里德曼极力为自由放任政策辩护，而且提出重要的新政策建议；最后，他以多种重要的方法发展了现代价格理论。想进一步了解实情的读者，可参阅弗里德曼夫妇的自传。

弗里德曼着重批判凯恩斯学派的财政政策和货币政策。他建立了一个强而有力的实证法则，即货币供给的重大改变与全国货币收入的变动息息相关，斯蒂格勒推崇弗里德曼成功地驱散了凯恩斯教条，与美国和英国的大多数总体经济学家之反击进行了有效的对抗。弗里德曼不但承继了上文所述西蒙斯的固定货币供给增加率的传统，还将之发扬光大。他是个杰出的实证工作者，随时准备怀疑自己的信念（因为这可能就是某项问题的关键），并依据实证数据进行最精巧的分析。弗里德曼富于辩才，颇有天赋般的能力来引起对手的愤怒，从而逼使对手花费很多精力来替他的观点打广告，到 21 世纪初期，许多有分量的货币经济学研究都出自芝加哥大学，其中以弗里德曼的贡献最大，斯蒂格勒甚至认为，芝加哥经济学的货币研究就是弗里德曼开创的。

公共政策领域是弗里德曼在货币之外的另一大伸展空间，他在这个领域中的议题广泛且其议题见诸多种媒体。1962 年的《资本主义与自由》和 1979 年的《自由选择》是两本最成功的通俗作品，而其一大堆演讲和辩论，以及数十年担任《新闻周刊》的专栏作家，更使他在公共政策方面成为家喻户晓的人物。斯蒂格勒特别指出“教育券”（voucher）和负收入税（negative income tax）

两个例子，来展现弗里德曼在现代价格理论上也有其重要地位，他继承了维纳在此方面的传统，严谨地将价格理论传授给现代的学生。

斯蒂格勒是芝加哥学派如日中天时的第二大“剑”客，他在1958年重回芝加哥大学，任教于商学院，成为第一个沃尔格林讲座教授。关于沃尔格林讲座教授职衔有个有趣的故事。1936年时，老沃尔格林为其在芝加哥大学就读的侄女办休学，并控告学校教自由恋爱和乌托邦之类的颠覆理论，该事件被《芝加哥论坛报》炒热而迫使伊利诺伊州的议会组成调查委员会调查，芝加哥大学后来洗清冤名，沃尔格林先生相信芝加哥大学无辜，乃赠送50万美元给芝加哥大学美国中心，用于设立特别讲座教授席位，几十年后才由斯蒂格勒第一个获得。斯蒂格勒是应“三剑客”之一、当时担任芝加哥大学商学院院长的沃利斯之邀回到芝加哥大学的，对于领取年薪25 000美元高薪一事，他表现得甚为得意，他同时任教于经济学系和商学院。斯蒂格勒在1946年应芝加哥大学之邀受聘教授，却临时有变被芝加哥大学拒绝，换成弗里德曼前往，斯蒂格勒乃转往布朗大学，1年之后再赴哥伦比亚大学待了10年，其间芝加哥大学曾数次下聘都被他拒绝，这段历史见诸斯蒂格勒的自传和弗里德曼夫妇的自传（第九章），以及本书第二章。而沃利斯和弗里德曼、斯蒂格勒相比，走了不同的道路，往行政及政坛发展了。

除“三剑客”之外，芝加哥学派极盛时期的人物尚有许多，斯蒂格勒首先提到的是亚伦·戴雷科特（在前文曾提及，也是芝加哥大学参与朝圣山学社首次会议的4人之一），他被认为是特殊人物。之所以特殊，据全球知名的华裔产权经济学家张五常的描述，“戴雷科特虽只有一个哲学学士头衔，但其智力和深度绝不在弗里德曼之下，可是他绝少发表文章，也不喜欢教书，只爱阅读。他是赫赫有名的杂志《法律和经济学杂志》的第一位主编，但他很少约稿、从不催稿、永不赶印，也绝不宣传，每年只出 1 期，因而今年应出的刊往往会推迟到下一年才问世。但 1958 年年底所出的第 1 期，10 篇文章篇篇精彩，读者无不拍案叫绝。”（这段文字引自张五常《凭阑集·我所知道的高斯》，香港壹出版公司，108~111 页。这里的“高斯”是香港人士给科斯的中译名。戴雷科特是弗里德曼夫人罗斯的大哥，他的重要性由弗里德曼夫妇的自传首页所写的“此书献给戴雷科特”也可得到印证）。斯蒂格勒是在 1947 年朝圣山学社第一次会议后与戴雷科特成为密友的。凯塞尔（R. Kessel）是另一个人物，斯蒂格勒形容他是个直肠子，有时稍显鲁莽，天真又夹杂一些顽固，其专长在于健康经济学。他早期的一篇文章指出，美国医疗学会对犹太医生的敌意起因于犹太医生有杀价的倾向，这个观点曾引起一阵不小的骚动，此君于 1975 年就英年早逝。刘易斯被斯蒂格勒称为经济学系的支柱，因其不仅解决系里行政事务的困难及学生课业上的疑难，而且重新建构了现代劳动经济学的形式。其他被斯蒂格勒提到的人物有洛瑞（J. Lorie，现代财务经济学的先驱）、德姆塞茨（H. Demsetz）、特尔沙（L. Telser）、佩尔兹曼（S. Peltzman）、波斯纳（R. Posner，此君在开创法律经济学领域方面贡献良多，也是联邦最高法院的法官），以及精通经济发展理论的哈伯格（A.

Harberger)、约翰逊(D. G. Johnson)、舒尔茨。

在这几个人中，佩尔兹曼和哈伯格有必要予以更详细的介绍。前者于20世纪70年代初期曾担任过尼克松总统经济顾问委员会委员，他承继了斯蒂格勒在公共政策的“实证”，在这方面有辉煌的学术成果，特别是对于似乎是自明之理的消费者的保护，发表了两篇石破天惊的文章。第一篇是在1974年发表的，以经济学方法对美国1962年通过施行的《药品修正法案》做实证分析。该修正案源于1961—1962年泰利窦麦镇定剂导致畸形胎儿的丑闻，在消费者保护团体的要求下，对于允许新药品上市的条件，增加了许多新规定。制药商不但需要显示产品是“安全的”，而且需要证明药是“有效的”，甚至该修正案也不再规定食品药物管理局必须在一定期间内对新药的许可做决定。新修正案的原意是杜绝不良药品的出现，也希望能免去药物泛滥所形成的经济上的浪费，立法目标是不但要增进消费者的安全，而且要让消费者免于购买缺乏真实医疗价值的药品。对于这种善意，佩尔兹曼以有利于新法的假设为基础进行研究：如果药品市场没有管制，则分辨有效和无效药品得靠医生和病人透过“试错”的过程来决定，在经过相当短暂的一段时间后，所有无效的药品便会受到排斥，以经济术语来说，就是对这些药品没有需求了。

如此说来，新的修正案是在免除消费者试错过程的学习成本，而将该成本转至食品药物管理局去负担。为了证实修正案是否达到目标，可以比较1962年新修正案通过前后，新药的需求和供给变化：若立法有效，则新药的供给和需求不会在上市后逐渐递减。佩尔兹曼的实证显示，修正案通过后，无效药品的出现比例并未减少，即使使用新药的学习成本减少了，经济浪费也没少。更遗憾的是，每年上市的新药约少了一半，新药上市时间平均延后 4 年，并且所有的药价都显著地上升。再据佩尔兹曼的估计，修正案非但未能改善消费者所用的药品的质量，反让他们每年多纳了 6% 的税收。这项立法只有两种人得利，一是权力和职责都扩大了的政府官员；二是受保护而免于竞争，以致缺乏创新的制药公司。

第二篇是 1975 年发表在著名的《政治经济学杂志》，对汽车安全立法的效果做了实证的论文。我们知道，立法的本意在于意外事故发生时，让驾驶人更容易保护自己，进而减少死亡人数。不过，从反面角度看，这些法律反而鼓励了驾驶人开车粗心大意，因而会增加死亡人数。所以我们必须思考，到底汽车安全立法的净效果，是降低了驾驶人的死亡人数，还是增加了驾驶人的死亡人数？佩尔兹曼的实证发现，两者的效果大致相当而彼此抵消，也就是说，意外事故发生的次数增加，但每次意外事故死亡的驾驶人数减少，两者相抵，驾驶人死亡总数基本上没变。可是另有一个副作用却产生了，那就是行人死亡人数的增加。此情此景可说是“将自己的快乐建立在别人的痛苦上”的写照。此种对政府善意管制政策的反面思考，以及利用实证方法检验，可印证新出现的“新芝加哥学派”的称呼。

关于哈伯格教授这位发展经济学名家，他在“成本效益分析”上卓有声望，对发展中国家，尤其中南美洲国家的影响更是巨大的，而在税收理论上通用表示“社会无谓损失”（social deadweight loss）的“哈伯格三角形”（Harberger Triangle）就是以他的名字命名的。此外，智利在军政府皮诺切特时代进行经济改革所重用的“芝加哥小子”（Chicago Boys）几乎都出自其门下。由于他的引荐，弗里德曼赴智利协助经济改革曾引发滔天巨浪，甚至使弗里德曼获得诺贝尔奖备受争议（这一段有关弗里德曼参与智利经济改革事件所衍生的风波，弗里德曼夫妇的自传中有专章详细记述，本书第五章中也有摘述）。

另有4位特别值得一提。第一位是舒尔茨，由于其品格正直、判断力准确，行政能力又很好，曾被商学院教授说服当院长，他在1973年担任尼克松总统的财政部部长时，曾让美元的汇率浮动，此后即步入政坛，担任过国务卿，在得州州长小布什有意角逐美国总统时，舒尔茨又重出江湖。第二位是伟大的人物科斯，他是1964年到芝加哥大学任教的，对于英文极为精通，是个慧黠而文雅的学者，但他崇尚自然隐居，斯蒂格勒说他好像连电话都没有装，具有对时髦思潮免疫的独立性，要不是1991年诺贝尔经济学奖颁给他，恐怕连经济学界都会忽视他的存在。不过，“科斯定理”的声名远播，也使交易成本和产权理论开创出一片开阔天空，而且璀璨异常。不过，到底有多少人真正了解科斯定理的“真义”，科斯本人则甚为存疑。而科斯所强调的跳脱“黑板经济学”，将经济学由“板上谈兵”引入与实际世界连接的天地，则值得深思，尤其他所谓的实证工作并非当前流行的计量经济和数理经济等利用高深数理工具的做法，更是值得经济学专业者严加正视。科斯已于2013年去世，享年102岁。

第三位是1993年诺贝尔经济学奖得主之一福格尔（R. Fogel），他是经济史学家，而且是所谓的“新经济史”学派先驱。一般来说，经济史学家所研究的通常是影响深远的问题，这种课题的研究原本就必须结合历史、统计、社会以及经济等问题，而福格尔所开创的新经济史学派，更是把经济理论和计量方法结合在一起，通过重建数据基础并创造新的基础，使我们得以重看历史，让我们对过去已有的研究成果能提出质疑和重新评估。如此一来，不仅有助于我们重新认识过去，而且有助于清除毫不相干的理论；而在补充和修正传统的理论之后，我们也就比较能够了解经济的增长和变化。

福格尔在青年时期同情社会主义者和马克思主义者，后来则相信市场经济，他自己表示，其最感兴趣的研究课题是北美经济历史。他的著作数量并不多，成名作是由其博士论文改写的，于1964年出版的《铁路和美国经济增长：计量经济历史论文集》，福格尔利用其首创的“反面事实推证法”（Counter Factual Speculation）研究铁路在19世纪的美国经济增长中所扮演的角色。

一般的教科书和历史都歌颂铁路对19世纪美国经济增长的贡献，让大家觉得如果“没有”铁路，美国的国民生产总值（GNP）的增长就会比较慢。福格尔这样问：“如果没有铁路，会发生什么事？会给这个国家的工业化进展造成何种改变？”一般认为，铁路对于19世纪的美国经济增长有三大贡献：一为铁路降低了单程运费，使得原本广阔而无法利用的农业地区有了经济上的开发价值；二为由于建设一个跨越大陆的广大铁路网需要很多工业产品，进而使得美国工业化起飞；三为穿越大陆快捷而频繁的运输，促进了重大的技术创新。

福格尔对19世纪美国的工业变量统计下了一番扎实的工夫，他重估了运输成本和商业化农业在各地区间的配置情况，也对钢铁工业的各部门做了分析，最终将上述的前两大贡献都推翻了。他先是证明铁路网对美国西部的开拓根本不能说是不可或缺的，只要把美国的运河网稍微扩充，那些被认为不靠铁路就无法利用的农业土地，有95%都可以在完全相同的成本下得到交通之便。福格尔也证明，没有铁路的话，对美国能源及煤铁等矿产的供应成本几乎不会有什么影响。就铁路的出现创造了工业需求而言，在1940—1960年约20年间，对美国的钢铁需求从未超过产量的5%，因而不足以解释美国的冶金业在那20年里有非比寻常的增长。即使就19世纪的后50年来说，福格尔也得到铁路的突飞猛进并不足以说明工业发展历程的结论。他的具体结论是：在其他条件不变下，如果没有铁路，美国在1890年的国民生产总值至多会降低3%，即顶多使美国的经济增长延后两年而已。

10年之后的1974年，福格尔再提出一个引起极大争议的说法，即关于19世纪美国奴隶制度在美国经济发展中的作用，那是他与恩格曼（S. L. Engerman）合著的《苦难的时代：美国黑人奴隶制度经济学》（*Time on the Cross: The Economics of American*

Negro Slavery）一书中的内容。福格尔将奴隶看成一种制度来研究，他发现把奴隶视为一个没效率、无利可图和资本主义前的群体之旧观点是不正确的，而奴隶制度的崩溃是由政治决定的，该制度尽管不人道，但在经济方面却是有效的。

福格尔后期所从事的研究是经济人口统计学，他以美国200年的人口资料为基础，分析了经济和文化因素与诸如储蓄率、女性劳动参与率、生育率和死亡率、人口流动率以及移民率的相互关系。福格尔认为死亡率的减少用营养改善来解释是不够的，意思是说，死亡率的减少尚有部分原因无法解释。福格尔发展了一套系统分析，来综合研究死亡率、发病率、食物摄取以及个人的体重和身材等因素的关系。这种研究必须结合生物学、医学以及经济学才能成功，如果得以突破，将对经济史的研究产生多层次的影响。

第四位是布坎南，他是1986年诺贝尔经济学奖得主，师承奈特，由于选修奈特的价格理论课程，才使他由“自由派的干预主义者”转为“市场的狂热拥护者”。虽然布坎南在芝加哥大学取得博士学位，但其学术生涯几乎与芝加哥大学搭不上关系。他在弗吉尼亚工学院和图洛克（G. Tullok）创立“公共选择研究中心”，1983年，他将该中心迁至乔治梅森大学（George Mason University）并由自己担任该中心的主任一职，他所领衔的“公共选择”理论是政治经济学之代表，但布坎南自认为属于奥地利学派。

20世纪末芝加哥学派的发展

20世纪末，芝加哥经济学派的新领袖已经出现，以贝克尔和卢卡斯两人最为重要，前者获得1992年诺贝尔经济学奖；后者在1995年获得诺贝尔经济学奖，素有“理性预期大师”之称。贝克尔极富原创力，将经济学的适用范围扩大至诸多领域，其博士论文将经济学分析应用于种族、性别和其他形式的劳动市场歧视课题，因而使贝克尔成为“人力资本”的领袖人物，其后他又重振犯罪与惩罚的经济理论，而在家庭经济理论的开创上更是成就惊人。他也在弗里德曼之后涉足公共政策领域，自1985年起，每个月固定为《商业周刊》写一篇专论。贝克尔已于2014年去世，享年83岁。

卢卡斯的理性预期理论旨在鉴别政府（和个人）的行动不会令经济行为人感到惊讶。譬如，当强大的通货膨胀快发生时，联邦储备银行通常会卖公债给商业银行，因而整个金融圈就学会预期此种行动，所以会在政策尚未形成前，就采取适当的行动以使自己免受影响。该理论对大多数的传统总体经济理论，包括凯恩斯学派的政府积极以有效需求政策干预、精密调节经济的做法，产生了严重的破坏力。1988年7月23日《纽约时报》的一篇专论在就当时热烈进行的美国总统大选中的两党经济政策做比较时，出现了“淡水派”（Fresh-water）、“咸水派”（Salt-water）和“骑墙派”（Straddlers），“淡水派”的代表人物就是卢卡斯，由其名言“我们应极力反对能以政策精密调节经济体系的说法”，可知其与芝加哥学派一脉相承，当时也出现了另一称呼——“新古典学派”（New Classical School）。

从表面上看，似乎贝克尔致力于个体经济理论领域，卢卡斯则努力于总体经济理论的工作，其实他们两人都以个体经济理论为基础进行分析，且不约而同地在经济增长理论方面进行了突破性研究。

源远流长、承先启后的芝加哥学派精神

芝加哥学派经历了由20世纪30年代的隐晦不明到50年代的卓然成形并开始散放光芒，直到80年代和90年代的新人物接棒的历程。斯蒂格勒提出一个很有意思的问题：“新发展（指贝克尔、卢卡斯等人的研究）是否能代表芝加哥学派核心思想的延续？”斯蒂格勒的答案是肯定的，理由是：每项发展都将经济理论延续，且一致地应用于过去被经济学家视为“给定”的制度和行为范畴——研究生活中难解的事实，而不是研究理性经济行为的产物。因此，斯蒂格勒接着说：“如果在一所大学里看到类似贝克尔和卢卡斯两位经济学家及其后继者撰写否定芝加哥学派传统的著作，可就让人吃惊了。”

这样的说法也见诸张五常的著作中，张五常认为芝加哥学派之所以成为芝加哥学派，说到底不是因为外界所说的他们反对政府干预或支持自由市场，而是因为历久以来，那里有一些顶尖的思想人物，他们对真实世界非常感兴趣，纯粹客观地想要多知道一点。张五常又说，在科斯舌战群儒的那一夜之前，芝加哥学派

早已名闻天下，但在当天晚上辩论开始时，反对科斯者都是赞成政府干预的，而反对政府干预的科斯却胜了一仗，然而，科斯却又是赞成政府干预的伦敦经济学派培养出来的。对于芝加哥大学经济学系为何得以孕育出如此之多胸襟广阔的人物，世人也许对该系存有某种憧憬。的确，在古色古香的不起眼的建筑里，为何会有不可思议的涵养力是让人好奇的。

因此，时下有人基于重视市场、崇尚自由经济已非芝加哥学派的专利，因而认为芝加哥学派已是明日黄花，但由芝加哥大学经济学系仍有一批智慧人物对真实世界感兴趣，且正努力而想客观地要多知道一点来看，芝加哥学派当然是存在的，而且能够永远地持续存在，即便该系不幸由于学校管理方向的改变，优良学术环境被人为破坏（当然这种可能性微乎其微），其传统精神也会长存，以此观点而言，20 世纪 30 年代应该就有芝加哥学派了，只是该名词的提出可能是在 1947 年的朝圣山学社首次会议上而已，而芝加哥学派也不可能消失。

不可否认，芝加哥学派迄今被世人一致认定的特色是对自由经济的坚持，并且坚信市场竞争力量。不过，对自由经济的诠释及绝对信任，芝加哥学派却较奥地利学派略逊一筹，尤其在自由经济哲学上更远不及奥地利学派。

第五章

诺贝尔奖、智利经济改革与中国行

一位记者伸出麦克风，将它紧挨着弗里德曼的脸，说道：“你对获奖有什么感想？”弗里德曼说：“什么奖？”记者说：“诺贝尔奖。”弗里德曼很自然地表达获悉得奖消息的喜悦。记者又问“你认为这是你学术生涯的巅峰吗”之类的话，弗里德曼说不是。弗里德曼又说，他的经济学家同行对他未来 50 年工作的评价，会比 7 位瑞典人目前怎么看他的工作成绩，更让他感兴趣。

诺贝尔奖掀波浪的一年

1976年10月，当瑞典皇家科学院宣布美国芝加哥大学教授弗里德曼为该年诺贝尔经济学奖得奖人后，年年平静无波的局面就此打破，反对声和抗议声不断发出。我们以斯德哥尔摩大学经济学系和瑞典商业学院的教师及研究员的抗议信为代表，其内容为："尽管弗里德曼在经济理论方面有一些成就，但他完全不理会其所推崇的经济政策所带来的后果……考虑到弗里德曼对实际政治的影响，他是不应该得到嘉奖的。他和他的芝加哥学派同人，做了巴西和阿根廷的军事独裁者的顾问，也替智利军人政权拟出一条经济政治路线……这一切不但指出皇家科学院的政治幼稚病，也完全抹杀了弗里德曼的获奖资格……"

除书信的抗议之外，颁奖当天，场内有1人示威，而场外有5 000人示威。截至该年，共75年的诺贝尔奖颁奖典礼也首次遭到破坏，而且因为示威者的挡道，诺贝尔奖颁奖结束后所举行的传统晚宴首度延迟开席。这一事件凸显了许多人将"意识形态"和"政治立场"引进学术领域，他们不在弗里德曼的经济理论是否真有贡献上争论，却将与该奖颁授无关的"政治"牵扯进来。

可以想象，即使像弗里德曼这种见过大场面且修养合宜的人，在该场合也不免尴尬，不过，这恰可突出其受人重视的程度。我们知道，自从20世纪30年代全球大萧条的梦魇发生以来，凯恩斯经济理论就席卷全球，而在其"创造有效需求理论"

的掩护下，政府登上经济舞台，而且当上了主角。一时间，透过政府这只“看得见的手”就可“精密调节”整个经济的说法广被接受，不但当政者沾沾自喜于有此能耐，就连大多数的经济学家也如此认为。美国的《时代周刊》还曾在20世纪60年代宣称：经济学家和政治家将共同来“管理”经济，使经济从商业周期中挣脱出来。这种乐观气氛弥漫着，只见到处歌颂政府管理经济功能的声音，置身于此种环境并想要提出异议者实在非有无比的勇气和坚强的实力不可，而弗里德曼就是这样的一个人。从20世纪50年代起，他就陆续提出异于当代思潮的想法，为人熟知者当然是“货币重要”“固定货币供给增加率”“以法则替代权衡”等，而其主要思想是恢复古典经济理论，对于政府的功能，尤其在经济方面的作为有所质疑。

诺贝尔经济学奖并非根据诺贝尔（Alfred Nobel）的遗嘱设立的，1901年，依其遗嘱所设立的奖项只有物理、化学、生理学或医学、文学及和平5种。诺贝尔希望奖励的是特殊的成就，并不是杰出的个人。因此，在自然科学方面，诺贝尔是对重大“发现”（discovery）、“发明”（invention）以及“改善”（improvement）颁奖。1968年，瑞典中央银行为庆祝成立300周年，出资创设了一个新的奖项：瑞典中央银行纪念诺贝尔经济学奖（Central Bank of Sweden Prize in Economic Science in Memory of Alfred Nobel），简称诺贝尔经济学奖。这一新设奖项，基本上是比照原先的诺贝尔奖给奖标准的。按照瑞典中央银行的规定：“此奖项每年颁给一位在经济学上具有杰出贡献且其重要性正如诺贝尔在遗嘱中所言的人士。”但有许多年的得奖者都不止一个人。

第一次诺贝尔经济学颁奖是 1969 年，经济学家及财经记者们对于谁将是第一届得主，臆测纷纷。每则新闻报道及会话讨论，都会出现两个名字——保罗·萨缪尔森和弗里德曼。结果第一届得主是挪威的弗里希（Ragnar Frisch）和荷兰的丁伯根，他们共同获得桂冠，令各方人士大感意外。不过，第一届由两位欧洲人共同获得荣衔，似乎挺有道理的。第二届的猜测比第一届少，但最热门的两位可能人选与第一届相同。结果是萨缪尔森获奖，弗里德曼在《新闻周刊》的专栏写道：“萨缪尔森教授多年来的科学研究有目共睹，获得这项荣誉实至名归。”

此后 5 年，弗里德曼年年落榜。罗斯和许多经济学家已经明白，在衡量抉择时，除了在经济学的贡献之外，还有其他因素需要考虑，罗斯说她已不再兴奋地猜测“谁会得奖”。因此，1976 年 10 月 14 日，当弗里德曼获诺贝尔奖的消息传到罗斯耳中时，她大感惊讶。

罗斯表示，没有人说弗里德曼对经济学没有显著贡献因而不配获奖。当弗里德曼得奖消息传出时，唯一负面的指控是，弗里德曼是“目前主导智利经济的一群经济学者的导师以及非正式顾问”。还有一个问题是：为什么拖这么久弗里德曼才得奖？罗斯举出两个评论人的解释。一位是《新闻周刊》当时的副总编辑马茨（Larry Martz），他在《弗里德曼荣获诺贝尔奖》这篇专栏文章里写道：“如果由同僚票选，弗里德曼早就已经得奖——瑞典皇家科学院之所以拖延，乃是因为他嗜好争论以及拥有右翼政治主张。”另一位是鲁凯泽（Louis Rukeyser），他说：“如果弗里德曼更专注于学术荣誉，少花点精力在人类自由上，他在好几年前就可以得到诺贝尔奖了。”鲁凯泽又提到，在公布弗里德曼为诺贝尔奖得主之前“史无前例地发生了激烈的辩论”。罗斯也提出了她的意见，她说：“由种种‘史无前例、激烈辩论’的报道，我们不清楚辩论是不是发生在推荐得奖人的专业经济学者之间，或是在瑞典皇家科学院的评审委员之间。据悉握有审决权者，大多不是经济专家。通常，委员会认可只是形式，可是这一届却显然不同。瑞典及其他国家的专业经济学家，都完全明了我先生对实证经济学的贡献，他已经普遍被极右或极左各种不同政治观念的经济学家接受与承认。委员会里的非经济学家委员，只晓得他同情我们这一代的哲学，并成了政治上出名的讨厌鬼。”

弗里德曼终于被宣布获奖，在宣布得奖的那天早上，因为弗里德曼先前已答应当天到密歇根州，为该州要求平衡预算与撙节开支的法案修正做巡回演讲，因此他必须一早就离开芝加哥。当他抵达底特律机场时，负责推动修正案的代表前来接机，然后带弗里德曼到底特律记者俱乐部参加当天演讲之前的记者会。当他们到达俱乐部的停车场时，看到现场众多的记者和电视台的人员，弗里德曼吓了一跳，当场就说，他很惊讶推动修正案的努力会受到这么多的关注，就在弗里德曼从车子里面走出来时，一位记者伸出麦克风，紧贴在弗里德曼的脸上说道：“你对获奖有什么感想？”弗里德曼说：“什么奖？”记者说：“诺贝尔奖。”弗里德曼很自然地表达获悉得奖消息的喜悦。记者又问“你认为这是你学术生涯的巅峰吗”之类的话，弗里德曼说不是。弗里德曼又说，他的经济学家同行对他未来50年工作的评价，会比7位瑞典人目前怎么看他的工作成绩，更让他感兴趣。

弗里德曼为何迟至1976年才获奖，如前所述，“政治上的偏向”是重要因素，而瑞典皇家科学院数年后竟克服此难关颁奖给弗里德曼，我们应对该院表示崇敬。不过，令人意外的是，在弗里德曼得奖的消息发布那天，却有4位曾经的医学或生理学诺贝尔奖得奖者在《纽约时报》上发表对诺奖委员会颁奖给弗里德曼的谴责，因为据他们所知，弗里德曼是当时智利独裁军政府的“智利经济团队的学术领袖与非正式顾问”。

1976年对美国和芝加哥大学来说都是非常特殊的一年，全部7位诺贝尔奖得奖者都是美国人（和平奖空缺，生理学或医学奖和物理学奖各由两人合得）。文学奖得主和经济学奖得主都是芝加哥大学教授，因而芝加哥大学动员《芝加哥论坛报》派出文字、摄影记者到斯德哥尔摩，ABC、CBS、NBC三大电视台也派人转播颁奖典礼。

弗里德曼夫妇提早一天在1976年12月6日抵达斯德哥尔摩，以便有24小时调整时差。在机场接待室欢迎的人很多，而且有重重警卫包围，严密保护。他们被领到贵宾室，瑞典皇家科学院秘书、诺贝尔经济学奖委员会主席、美国大使馆代表以及其他人等着他们，他们的入境手续有人代理，行李也顺利取出。由于担心会有示威人群滋事，新闻记者不准到机场采访。他们在斯德哥尔摩的全程时间里，每天24小时全天候都有警察保护。在一个“智利委员会”的号召下，有人群示威，新闻界也有所抨击。在由机场去往全体得奖人下榻饭店的途中，座车由警车前后簇拥保护。从弗里德曼夫妇抵达到离开，两名年轻保镖形影不离。弗里德曼夫妇的房间昼夜都有警察监管，连旅馆女佣都不准在没有警察陪同的情况下进入房间。

弗里德曼的记者会人潮汹涌，只有索尔仁尼琴那次可比拟。媒体记者不是要听弗里德曼对经济事务的观点，他们所有的问题和兴趣都集中在弗里德曼被指担任智利军事执政团的顾问上。不过，大多数问题都不特别有敌意，弗里德曼却感叹，人们因错误信息形成的印象实在难以改变。明明当年负责安排弗里德曼到智利访问 6 天的芝加哥大学教授哈伯格早已写了一封详尽的信给诺贝尔基金会主席，说明了他和弗里德曼涉及智利事务的真相，且这封信在瑞典和美国普遍发布，连《华尔街日报》都刊登了，这依然无法阻止有心人士以全盘不实的消息为根据，对弗里德曼进行持续攻击。

虽然全场的记者无敌意，但瑞典皇家科学院走廊和街上的示威群众的情绪却十分激动。斯德哥尔摩经济学社邀请弗里德曼赴晚宴当主宾，并做“为什么美国经济没有萧条”的简短演讲，在场若干老派学人提出一些异议——许多异议在 1954 年弗里德曼于斯德哥尔摩谈同样问题时已出现。弗里德曼日后接到当天在场的青年学人来信，请他别以那天学社的讨论为基础，来评断瑞典当时的经济学研究。

领奖典礼

诺贝尔周有3件大事：领奖典礼、典礼后在市政府举办的宴会以及国王赐宴。1976年12月10日是诺贝尔逝世80周年的日子，也是诺贝尔奖第75届领奖日。弗里德曼夫妇在从旅馆出发前被告知，将有示威团体在音乐厅外示威，但他们却没感到有示威活动，或许是因为他们是由示威群众没有发现的一道门进入音乐厅的，抑或因为他们被便衣警卫重重围住而看不到示威群众，他们身边的警卫一直穿着便衣，从来不穿制服。

到了音乐厅，弗里德曼立刻和其他得奖人会合，来宾鱼贯而入，乐队奏着美国人熟悉的一段《西城故事》选曲，到下午4时50分，来宾都已准时入座。5时整，号角响起，在斯德哥尔摩交响乐团演奏的《从军乐》声中，卡尔国王领头，施薇雅王妃、伯提王子、莉莉安王妃相随，由舞台左侧出现。每位得奖人则按指定的顺序，由诺贝尔委员会的一位代表陪伴，从右侧入场。在国王出现前，上一届诺贝尔奖得主已先入座，坐在本届得主的后面，诺贝尔基金委员则坐在舞台正中央的后方席次。全体观礼人员在号角响起、预告国王莅临时就起立，直到得奖人入场为止。

诺贝尔基金会主席以瑞典语致词，揭开颁奖典礼序幕。诺贝尔物理学委员会代表起身，以瑞典语发表一篇冗长的谈话，细数物理学奖得主的事迹与贡献。在谈话结尾，陪伴人员以得奖者的本国语言向已站起身的得奖人转述，接着请得奖者出列，从国王手中领取诺贝尔奖金牌、证书和奖金支票。依照传统，号角声大作，得奖人与国王分由舞台左右两侧走向中间，得奖人从国王手中领取金牌、证书，相互握手，客套几句话，然后国王回座，得奖人转身面向来宾鞠躬，大家热烈鼓掌。

每位得奖人都照这套仪式领奖，物理学奖之后，依序是化学奖、生理学或医学奖及文学奖。在此之前，一切行礼如仪，之后就变了。当诺贝尔经济学委员会代表伦德伯格（Erik Lundberg）教授以瑞典语报告得奖人事迹及贡献完毕，再以英语叙述一遍时，弗里德曼起立，突然间在包厢后端有个穿礼服的人站起来，伸出双手，以英语大喊："打倒资本主义，还给智利自由！"这位仁兄很快就被请出场。伦德伯格教授低声向弗里德曼道歉，还说："说不定还会更糟。"弗里德曼对遭人示威已司空见惯，的确认为说不定还会更糟。弗里德曼和国王走向舞台中央，在领到奖牌、证书，并与国王握手之后，弗里德曼得到比前面 6 位得奖人更热烈的掌声，站得更久才鞠躬退席。

观礼者绝大多数是瑞典人，很明显地不认同那位示威者。往后几天，弗里德曼夫妇每到一个场合，都有人对该意外表示歉意，诺贝尔基金会颇为尴尬，立刻通过决议，调查这个年轻人究竟是如何混入音乐厅的。每年 2 月就分配好 12 月颁奖典礼的入场券，一般人视收到入场券为莫大荣誉。后来答案揭晓，那个年轻人的父亲是瑞典某所学校的校长，得到两张入场券，颁奖典礼当天，年轻人说服父亲给他一张入场券，于是出现了闹场一幕。

诺贝尔晚宴

颁奖典礼结束后，大伙由音乐厅转往举办诺贝尔晚宴的市政府。弗里德曼夫妇被告知，音乐厅外正在进行一场大规模的示威活动。新闻报道指出，有 2 000 ~ 6 000 人之多，高举旗帜抗议弗里德曼涉及智利独裁政府的活动。随从人员刻意绕路，把弗里德曼夫妇由音乐厅带到市政府，因而他们只从汽车窗口远远看到示威情况。许多宾客在进入音乐厅观礼以及由音乐厅步行到市府时，都被示威群众挡住去路，大感不便，以至对示威群众没有同情。抵市政府后，得奖人夫妇被带到一间王子厅，举行一项仪式，各相关国家使节向瑞典王室介绍得奖人夫妇。当年出席的使节只有美国大使，因为得奖者都是美国人。该项仪式与其他的诺奖活动一样，刻意安排成比较随意的模样。得奖人夫妇在王子厅一侧排成一列欢迎线，国王在王后及王室其他成员簇拥下进来，沿着欢迎线悠闲地通过大使逐一介绍各位得奖人，会话简短、友善、非官方。

仪式一结束，国王及王后领头，大家成双成对走过下一道漂亮的扶梯而进入黄金厅，厅中灯火通明。晚宴的主要节目是敬酒，先是诺贝尔基金会会长向国王敬酒，其次是国王举杯敬已故的诺贝尔。晚宴结束前，诺贝尔基金会的一位代表以英语向得奖人简短致词，然后邀请得奖人逐一致词，弗里德曼表示向已经微醺的观众发表 3 分钟以内的致词，他的主要谈话内容如下：

我所专攻的学科，晚近才成为科学的一支；而为纪念诺贝尔先生所颁发的经济学奖，则是1968年瑞典中央银行为庆祝其成立300周年才开始设立的。我必须承认，这样的背景确实带给我一些利益冲突。因为，各位可能知道，根据我在货币理论方面的研究结果，我认为由计算机取代中央银行的功能反而更好，只需在计算机上设定货币数量能有稳定的增长率即可。不过，对我个人以及一小批被精挑细选的经济学同僚来说，值得庆幸的是，我的研究结论未被采纳——否则今天就没有瑞典中央银行来捐资设立此刻本人有幸荣获的奖项了。也许从这里可以引申出：塞翁失马，焉知非福。我不知道自己是否真的如此，但是我想有些经济学者可能是这样的。

虽然我获奖的心情愉快，但我必须承认，在过去的8个星期中，我深刻体会到天下不仅没有白吃的午餐，也没有白拿的奖。由于诺贝尔奖是全球瞩目的殊荣，因此一经公布，得奖人就立刻成为解决各种疑难问题的专家，全球各杂志、电视台的采访记者及摄影人员蜂拥而至。我被问到的问题可以说是包罗万象的，从如何治疗普通的感冒到肯尼迪总统亲笔签名信函的市价如何。受到这样的关注，固然令人受宠若惊，但也难免导致自满之心。我认为以专业之外的事情干扰诺贝尔奖得主，固然急需痛下针砭，但我们这些桂冠得主对过度自我膨胀也应有所戒慎恐惧。我就自己的专业领域所开出的解药是，设立更多这类的奖项。不过，想要取代像诺贝尔奖这么成功的奖项，恐怕并非易事。也因此，我想我们这些人的自我膨胀可能还会持续相当长的时间吧！

由这个讲词更可印证弗里德曼的率真和其对政府独占货币的反对及忧心，这与奥地利学派学者完全相同。他对经济学家在获得诺贝尔奖后会使自己膨胀的忧虑与两年前（1974 年）哈耶克在获奖晚宴上的说词几乎相同。

最后一天，在斯德哥尔摩经济学院用过午餐之后，弗里德曼发表诺贝尔获奖演说，他原本还担心可能会有另一场示威抗议。虽有保安一直待在弗里德曼身边，但大学无法做严密的安全措施，而且当时那里一直有各式各样的示威抗议活动。事实证明，忧虑是无稽的，一切平静，另有经济学家出席且是属于学术性质的。演讲室里坐满了人，每个人都为听弗里德曼的演说而来。弗里德曼的讲词是本书第三章提过的“通货膨胀与失业”，将菲利普斯曲线的三阶段演进，由负斜率的抵换到“适应预期”的垂直线，直到极可能是正斜率的菲利普斯曲线。

弗里德曼还提到这届诺贝尔奖的一段趣事：当时的美国总统当选人卡特决定打电话给 1976 年所有的诺贝尔奖得主，向他们道贺。他要秘书打电话给弗里德曼，但秘书却打给另一位同名同姓的弗里德曼，那位曾当过福特总统的讲稿撰稿人，在农业部有终身职位，正在休假。那位弗里德曼听到总统当选人打电话给他，心想好运临头，以为新政府有职位给他。很遗憾，只是同名同姓之误。卡特的秘书最后在佛蒙特州找到弗里德曼，两个人见了面且谈得很愉快。不过，那是弗里德曼和卡特唯一的直接接触。此外，弗里德曼在 1985 年 3 月 21 日应圣安东尼奥三一大学之邀，发表“我成为经济学者的演化之路”的演讲，最终提到

“从整体来看，诺贝尔奖是否有什么正面效果，我个人一直极为存疑”，从这可看出，他并不太认同诺贝尔奖呢！

弗里德曼的得奖被拖延数年和宣布获奖时受到空前的异议及抗议，主因是弗里德曼帮智利军政府进行经济经济改革，他被认为是在助纣为虐，究竟实情如何，由弗里德曼的智利行可获知真相实情。

智利的经济改革

1955—1964 年，在美国国际开发署经费的赞助下，芝加哥大学经济学系与智利天主教大学签署了一项交流协议。美国国际开发署提供奖学金给智利青年到芝加哥大学念书，并且派人到智利协助他们改进经济学系的教学。芝加哥大学派人到智利就申请奖学金的候选人进行面试，许多高素质的研究生因而到芝加哥大学就学。芝加哥大学教授哈伯格是参与此项交流计划的主要人物，他能说流利的西班牙语，自 1955 年起，他 3 次前往智利，娶了位智利籍太太，可说是智利留学生乃至其他拉丁美洲国家留学生的大家长。

弗里德曼与这项交流计划的关系是，他在芝加哥大学开了一门全体研究生必修的经济理论基础课程，以及主持货币金融工作室，有一些智利学生在这个工作室学习。

1970 年，阿连德（Salvador Allende）在左翼政党协力支持下当选智利总统。当时苏联特别欢迎阿连德政权，因为它是经由合法民主程序产生的政府。1970—1973 年，智利成为国际注意的焦点。1973 年 9 月，在经历不断的社会动乱和民众抗议后，智利军方在皮诺切特（Augusto Pinochet）将军领导下推翻了阿连德政府。在莫斯科示意下，一场场的宣传攻势意欲推翻军人执政团，以恢复阿连德的领导体制，同时世界各地的许多媒体界人士以及美国国会内有影响力的成员都成为其盟友。

“芝加哥小子”

由芝加哥大学回国的智利留学生开始“推动自由市场经济”，并将其当作脱离智利经济停滞困境的出路。1972 年年底，阿连德的政策已将智利经济推到几乎崩溃的边缘，这些留学生开始研究一个经济复苏计划。到军事政变时，他们已拟具 189 页的诊断及建议草案，并将这一草案交给军政府（必须一提的是，这些学生几乎全是不曾参与阿连德政府或赞同阿连德政府的经济学家）。

头一年半，军政府没太理会这些建议，他们派军人负责补救阿连德造成的伤害，但没什么效果。1975 年，智利的通货膨胀居高不下，世界经济的衰退之势更让智利雪上加霜，触发了大萧条。皮诺切特将军只好求助于在芝加哥大学学习的这批留学生，指派若干人进入政府。这批经济学家被称为“芝加哥小子（或少年）”。

就在这个时候，弗里德曼与智利有了唯一的直接瓜葛，哈伯格教授邀弗里德曼陪他到智利参加为期一星期的研讨会及公众演说，该行程由智利希波提开洛银行（Bank Hiptecario）资助，同行的还有一位芝加哥大学博士兰戈尼（Carlos Langoni），他曾积极参与巴西的经济改革。

研讨会的安排，一方面是要使弗里德曼他们明白智利的实际状况，另一方面是要弗里德曼他们传递出初步的观察心得。通过研讨会，弗里德曼他们可以认识政府官员、民间代表及军方代表。通过公开演讲，民众可以知道弗里德曼他们对当时形势的诠释，以及他们建议采取的措施。

弗里德曼他们很快就发现问题的关键是通货膨胀，弗里德曼在和民间代表讨论时做了笔记，他这么写道：“在讨论时一再出现的一个主题是，通货膨胀对民间部门的运作造成了极大的困难。我问了许多人，问他们要花多少时间来处理那些与高通货膨胀、高通货膨胀变动率直接相关的问题。当然许多人会夸大其词，但是答案是从来不低于所有时间的 20%，甚至有人说要花掉 90% 的时间。”

弗里德曼他们也和皮诺切特将军见了面，这也使日后抨击弗里德曼是皮诺切特私人顾问的人士有些小把柄可抓，且振振有辞。弗里德曼的笔记如此记载：“在一场约三刻钟且还得通过翻译员沟通的会晤中，很难了解这个人的个性。他非常有兴趣了解我们对智利形势的看法……他对‘休克疗法’（Shock Treatment）的构想似乎颇有兴趣，可是对于可能引起的失业率攀高的情况又明显感到忧虑。除此之外，他倒很少表露他本人或政府的感受，但是他一再强调要我在访问智利结束后，把我的判断写下来交给他。”弗里德曼他们回到芝加哥之后，把考察意见提供给皮诺切特。

弗里德曼相信“芝加哥小子”也已得到结论：要终结通货膨胀并替经济复苏奠定基础，必须采用休克疗法。而且由于政府大量印发钞票，弥补政府赤字正是通货膨胀的主因，因此关键就在于大幅削减政府支出。弗里德曼他们的角色就是核对他们的结论，给予背书，并协力把建议推销给民众和军事执政团。

弗里德曼等 3 位专家参加了许多场类似研讨会的会议，也都公开发表了演说。在智利天主教大学及智利大学演讲时，弗里德曼脱离了所有其他有关通货膨胀的演说主题，谈起自由的脆弱，强调自由社会的稀罕以及福利国家出现后对自由社会的破坏。弗里德曼讲述的主题是：智利当时的困难乃是近40年的集体主义和福利国家走向所致。这一条路线自始只有弊，没有利，而且将导致高压统治，而非自由。由智利听众的反应，弗里德曼认为那还是他们闻所未闻、全新的论点，学生们听到该种论调，觉得充满了震撼。

弗里德曼6天的访问及其教授身份，产生了始料未及的后果，且在之后10年间与弗里德曼纠缠不已。在弗里德曼所到之处，往往有针对他而发动的有组织抗议，最大规模的一次抗议就是上文提过的1976年弗里德曼在瑞典领取诺贝尔奖时的5 000人抗议场面。弗里德曼被安上的罪名是涉嫌"替主管智利经济……的一群经济学家担任知识建筑师及非正式顾问"。弗里德曼表示："说我能够由芝加哥大学的办公室遥控智利的经济，对于这样的指控，我实在是哭笑不得。"

弗里德曼回忆说，两件事掀开了围剿他的运动序幕，而且几乎同时发生。一是《纽约时报》在1975年9月21日出现了一篇报道，称弗里德曼是智利"军事执政团经济政策的明灯"，接着该报专栏作家刘易斯（Anthony Lewis）在1975年10月2日跟进，提到美国的责任中有一个重要的领域：

这个领域就是经济领域。智利军事执政团的经济政策是以美国保守派经济学家弗里德曼及其芝加哥学派思想为基础。弗里德曼本人曾亲访圣地亚哥，据信曾向军事执政团建议以严峻政策终止通货膨胀。

这些政策依循芝加哥学派的理论，就是削减公共支出、抑制货币扩张以及出售公有财产。假如贫富差距因而扩大，就弗里德曼的观念，反而会有增加投资，进而促进经济增长。

当然，任何一个政治或经济理论都可能被人曲解误用。但是，如果纯粹芝加哥学派经济理论在智利实施，必须以高压统治为代价，那么它的作者是否应该负起某种责任？我们对于学界扮演的社会角色，不免心有所危。

弗里德曼认为，这段话隐含的假设是，还有其他经济理论可以避开高压统治来付诸实施。新闻记者如果负责任，是否也该把这个替代办法讲出来？

二是芝加哥大学的学生报纸《芝加哥独立人》（*Chicago Maroon*）在1975年10月3日的头版，以“激进派计划向弗里德曼抗议——哈伯格也被控参与其事”的大标题报道：

校园及区域性的左翼团体，在斯巴达克斯青年同盟（Spartacus Youth League）芝加哥大学分会发起了一个联合阵线，抗议芝加哥大学教授弗里德曼和哈伯格涉入智利军事执政团的决策。

联合阵线的正式名称叫作“反弗里德曼及哈伯格勾结智利军事执政团委员会”，它号召群众，今天将在行政大楼前的四方庭院举行抗议示威活动。

印刷精美的海报宣示："透过抗议与揭发，把弗里德曼赶出校园。"

《芝加哥独立人》要弗里德曼针对斯巴达克斯青年同盟的指控做出回应。弗里德曼同意他们在 10 月 3 日同一期上刊出弗里德曼在 7 月间针对某位未透露姓名的教授严词批评弗里德曼的信件所撰写的回函，作为响应。这封信经《华尔街日报》于 1975 年 10 月 27 日转载。

大约 10 天之后，芝加哥大学学生会驳回谴责哈伯格和弗里德曼的一项提案。稍后，芝加哥大学学生会又于 10 月 27 日成立"弗里德曼和哈伯格事件调查委员会"，但当时芝加哥大学校长威尔森（John Wilson）立即予以谴责，声息乃逐渐停止。

联合阵线策划的抗议活动的确很烦人，他们在弗里德曼住的公寓前举抗议牌子走来走去。虽然这类抗议活动并不是很严重，但它们持续了五六年。

除了有组织的抗议外，报纸、杂志也出现抗议文章。1976 年 1 月，《商业周刊》的《智利经济沉疴的猛药》这篇讨论智利局势的长文猛批弗里德曼和哈伯格，而且指控他们与中央情报局有"令人不安的亲密关系"。1976 年 8 月，阿连德政府的智利驻美大使、外交部部长莱特列尔（Orlando Letelier）在《国家》（*The Nation*）杂志上发表《经济自由的可怕代价》一文，他在这篇文章发表不久后就在华府遭到暗杀，这掀起了极大的风波以及丑闻。他也立刻成为烈士，文章也被许多刊物转载。

弗里德曼认为他至少还提出了一个替代方案，即阿连德政权企图建立的中央计划经济体制。弗里德曼觉得英国、法国、德国、加拿大及其他国家出现的类似文章和社论，都没有这种风度。照它们的说法，暗示着弗里德曼他们的做法卑鄙、下流、不人道，还好的是，它们没到公开叫骂的程度。弗里德曼他们被描绘成法西斯主义军事执政团的支持者，这个执政团是以拷打虐待人民为乐。大家似乎理所当然地以为还有另外一套较好的办法，可是从来没人提出另一套办法出来。

弗里德曼认为，文章的攻击没根没据，示威抗议也是别有用心。有一次，弗里德曼在旧金山共和俱乐部演讲，场外有人示威抗议。会后，弗里德曼在街上捡到一张弄皱的传单，号召出席反弗里德曼的抗议活动，传单留着空格，随时可以填入约定时间和地点。在其他的示威场合，弗里德曼他们发现不只牌子上的字眼一模一样，还看到一些面孔曾经出现在康奈尔、芝加哥和圣地亚哥。弗里德曼他们得到的结论是：针对皮诺切特政权，有一个世界性的抗议组织，而弗里德曼他们已成为这个团体的抗议标的。

弗里德曼表示，他最气恼的是许多学界人士怯懦畏缩。不过，还是有特殊的人士，弗里德曼指出，曾在芝加哥大学读书、任教，现已转到哈佛教书的格里利切斯（Zvi Griliches）数次投稿到哈佛学生报《深红》（*Crimson*）替弗里德曼仗义执言。但绝大多数学界人士闪避，即使没有公开谴责弗里德曼，也只想站在“正确”，也就是“进步”的一边。

10多年后，弗里德曼从中国访问后回到美国，投稿到《斯坦福日报》(*The Stanford Daily*)，挑明了他刚从中国回来，也对中国领导层提出类似建议，他问他是否也应该准备接受同样的抗议。如果不该，原因何在？关于弗里德曼访问中国一事，下节再做较详细描述。

哈伯格教授虽然也遭受到抗议的困扰，但没有弗里德曼那样频繁。罗塞特（Claudia Rosett）说："'芝加哥小子'经常被描述成弗里德曼的学生、信徒，但是弗里德曼对他们任何一人都不熟，他对'芝加哥小子'在智利的所作所为，直接影响不大。他们真正的导师是哈伯格……他自1955年起就经常访问智利。"弗里德曼完全认同罗塞特的说法，他承认"芝加哥小子"大多数修过他的课，少数参加货币金融工作室，但哈伯格跟他们的关系密切得多。

弗里德曼自认之所以被盯上，是因他与戈德华特、尼克松的关系，他在《新闻周刊》的专栏，以及他是诺贝尔经济学奖得主，这些也都使他在一般大众中的知名度较高，因此他是个比较有用的标的。

1976年10月14日，诺贝尔经济学奖得主公布，使争论又上升到新的水平。触发争论的是《纽约时报》在1976年10月24日刊载的两封信，批评这项决定。两封信都来自马萨诸塞州剑桥，各有两位诺贝尔奖得主署名。第一封是曾获生理学或医学奖的巴尔的摩（David Baltimore）和卢瑞亚（S. E. Luria），第二封则是曾获生理学或医学奖的沃尔德（George Wald）和曾获化学奖及和平奖两项殊荣的鲍林（Linus Pauling）。4位忙碌的科学家在诺贝尔经济学奖得主公布之后数小时，就主动结合起来，投稿给《纽约时报》。弗里德曼怀疑此事的幕后一定另有他人。

1976 年 12 月 10 日，也就是弗里德曼在斯德哥尔摩领取诺贝尔奖当天，《华尔街日报》社论《诺贝尔及抹黑》的结语是：“把保守派经济学的一位强而有力的代言人当作秘密的法西斯党徒干掉，这种可能性固然微乎其微，但我们可以看到，即使是诺贝尔奖得主也可能躺在刺客枪下。有这么强大的力量在运作，有关弗里德曼先生的传闻，在许多人心目中一定难以抹除。但是，任何稍花时间去了解真相的人应该认得出这种抹黑伎俩，与当年麦卡锡主义下抹黑左派的手法如出一辙。”

如上文提过的，诺贝尔颁奖典礼也受到波及，会场中有一个人闹场，会场外一连数天有大小规模的示威活动。

弗里德曼是不看《纽约时报》的，因而当这 4 位诺贝尔奖得主的投稿出现时，他没看到，但其友人和敌人的讨论使弗里德曼立刻注意到它们。数个月之后的 1977 年 5 月 22 日，《纽约时报》以“弗里德曼、智利军事执政团及他们的关系种种”为题，刊载后续发展。其中包括弗里德曼写给 4 位签署人的信，其中两位回答弗里德曼的信，以及弗里德曼的回应。在那段期间，《华尔街日报》跳出来替弗里德曼讲话，弗里德曼也不断收到来信，有谩骂、有支持，前者还多于后者。

示威抗议并没有随诺贝尔奖颁奖活动结束而告一段落。1977 年 9 月，弗里德曼在康奈尔大学演讲，斯巴达克斯青年同盟的示威特别强劲，而年轻美国人支持的自由协会也同时举行反示威，予以反制。1977 年 11 月，弗里德曼在旧金山共和俱乐部，以“自由派的麦卡锡主义”为题演说，弗里德曼以自身经验为例，讨论人们对左翼独裁政权及右翼独裁政权施以不同的标准，场外也有小型抗议活动。

1977 年，美国经济学会召开年会，并举办一场餐会，恭喜弗里德曼荣获诺贝尔奖，场外同样有示威抗议，弗里德曼夫妇必须由厨房进入会场。

除了诺贝尔领奖时的示威规模较大之外，其他的抗议活动规模都不大，最多只有几十个狂热分子参加。在所有场合，听众人数都大大超过抗议者，而且听众一致站在弗里德曼这边。他在斯坦福演讲时的气氛，我们可借一段报纸的报道来了解：

> 虽然场外大约十来位和平的抗议者举着标语、喊口号，场内也有一小撮人对他的演讲开汽水，但弗里德曼仍于周四晚间在斯坦福校园对一群热情的听众发表演讲，人数在 1 100 名以上。

智利的“休克疗法”效果

智利放缓货币增长的初步效应是经济衰退，这是为终止通货膨胀几乎不可避免的结果，也是弗里德曼他们在智利演讲时曾预测的。1981—1982 年的美国也曾发生类似的情况，当时美联储主席沃尔克（Paul Volker）为终止 20 世纪 70 年代经济停滞加上通货膨胀的现象，在里根总统的支持下采取抑制通货膨胀的策略，接着当人们开始习惯于较低的物价上涨率时，经济增长就可恢复。在智利，1975 年是经济衰退最严重的一年，年增长率是 –13%，到年底，物价上涨率已减半，经济好转，GDP 年增长率转为 3%，其后 5 年是快速改善年，GDP 年增长率平均每年都有 7.5%。

对于智利发展的反应，正反见解很不同。1978 年，有位观察家访问智利后撰文说：在“阿连德时代，我接到一封来自智利信，‘我们已经无以为继，谁能救我们脱离苦海？’我们最近在智利的见闻让我们对民营企业制度信心大增。在被称为‘芝加哥小子’或‘弗里德曼小子’的指导下，智利经济有了美妙的好转”。几乎与此同时，《底特律自由新闻》（*Detroit Free Press*）有位专栏作家也刚访问过智利，他写道：“智利实施的经济哲学造成了公共教育、卫生及社会计划的严重破坏，政府对经济完全失去控制。人们所付出的代价就是文盲上升、卫生出问题以及落后、压抑。”究竟谁的观察正确？真相究竟如何？可以说见仁见智。

1981 年，负面评价大致消失了，智利被普遍认定为缔造了经济奇迹。在智利国内，民众对皮诺切特政府的修宪复决投下决定性的多数票，以示支持之意。不过，好景不长，在通货膨胀快速下降、经济增长率上升的氛围下，智利当局在 1979 年决定把智利比索的汇率钉住美元连动。当时，美国的通货膨胀率略高于 10%，就美国而言，这一水平已经相当高，而就智利来说，这一水平却相当低。实施联系汇率，智利当局希望使智利通货膨胀率降到与美国一样高。不料，由于里根总统在 1981 年实施的经济政策，使美国的通货膨胀率大幅下降，导致美元巨幅升值，联系汇率制对智利带来沉重的通货膨胀压力，造成经济严重衰退。1982 年，智利的 GDP 下降了 13%，1983 年又跌了 3.5%，联系汇率制的倡议人财政部部长卡斯特罗在 1982 年 4 月下台，联系汇率制于同年 8 月取消。

针对智利的发展，各界也迅速发表评论。文章中不再赞扬经济奇迹，当时的标题是“流产的经济实验”“弗里德曼思想在智利乱局并无错误”“智利出了什么差错”。

联系汇率制取消，汇率开始自动调整，经济增长旋即恢复。严重的衰退留下了创伤。因此，1988 年 10 月的皮诺切特政府在公民投票下，尝到与 1981 年截然不同的成绩。这一次，民众摒弃皮诺切特的独裁统治。令许多批评智利人士意外的是，皮诺切特将军接受人民的裁决，安排于 1989 年 12 月进行总统选举，选出阿尔文（Patricio Alwyn）为总统。新政府大体上萧规曹随，维持皮诺切特政府的自由市场经济政策。

智利变革的评价

1982 年 1 月，弗里德曼在《新闻周刊》发表专栏文章，题目是“自由市场与将军”，对智利的发展归纳出他的看法：智利挺幸运的，能由文人政府取代军事独裁统治。

鲁伊斯（Gumersindo Ruiz）在 1977 年针对智利局势发表一篇文章，刊载于西班牙《先锋报》，结语是：“芝加哥经济学派在替他们实施于智利的理论辩护时，唯有真正的政治自由（允许工会、政党活动）以及自由市场经济在自由社会中健全运作，才是真正的证明。”

智利在“芝加哥小子”掌握经济权柄20年后，可以看到这样的证明。1973—1995年，智利每人平均实质收入增加一倍半以上，通货膨胀率由每年500%降到8%，婴儿死亡率由66‰降为13‰，平均寿命由64岁上升到73岁。军事执政团把政权交给自由选举产生的政府之后，也恢复了真正的政治自由——的确是“自由市场经济在自由社会中的健全运作”的体现。

2006年12月10日是国际人权日，残害人权的智利前独裁者皮诺切特在当天因心脏病去世，享年91岁。死讯传出，智利人反应两极：一方面，曾遭其迫害的民众在智利首都多处举办庆祝活动；另一方面，也出现死忠支持者认为皮诺切特是智利的救星。已过世的英国前首相、主导英国自由化政策的撒切尔夫人，当时也对皮诺切特的死亡表示十分难过。

就在皮诺切特过世的前一天，一份民调数据印证智利人对其矛盾的爱恨情结：受访者中有45%的人表示，皮诺切特是智利史上最伟大的统治者之一，应以国葬厚待之；但另外55%的受访民众却认为，国葬是对皮诺切特政权受害者的亵渎。为何会有此种两极化的反应？答案就在“经济”。如上文提过的，皮诺切特在1973年9月11日发动军事政变，推翻阿连德政权，其在位的17年间，致力推动市场自由化政策，缔造了生气蓬勃的经济增长奇迹，让智利迅速跃升为拉丁美洲最富足的国家。

不过，皮诺切特的独裁形象深入人心，他践踏智利民主传统，被列为20世纪拉美暴君的头号人物，其政权暴行包括绑架、处决以及在秘密集中营里的酷刑凌辱等。17年间，至少有3 197人因政治理由遭杀害、3万多人被迫害、无数人遭非法禁锢、成千上万人被迫流亡。

就是这种暴政波及弗里德曼，不过，皮诺切特或因经济改革而维持政权，但其下台后流亡海外，是否也是经济发展导致其人民有本钱争取政治自由之故呢？

这其中隐含着一个重要问题：在军事高压统治下，经济自由可行吗？纵使可行且获致良好成效，会不会使军政权的寿命延长，而铲除异己的恐怖行径会更加严重？

这个问题的答案可在弗里德曼的《资本主义与自由》第一章“经济自由和政治自由之间的关系”中找到。自由经济和民主政治结合的体制较能促进人民的福祉，若两者无法并行，经济自由较优先，之后会冲击政治民主。此由智利从经济自由过渡到政治民主的事实得到印证。也是基于这种认识，弗里德曼乐意向领导人推销自由经济理念并化为政策。我们接着谈弗里德曼的“中国行”。

弗里德曼的三次中国行

弗里德曼分别在1980年、1988年和1993年到中国访问，第一次是1978年年底中国放权让利经济改革之后不久，第二次是1988年，第三次则是1993年。第一次中国行是弗里德曼当中国政府的客人，另两次都由著名的私人机构赞助。弗里德曼表示，三次中国行都是他生命中十分美好的经验，也都让他有机会展开一项前所未有的实验，那就是将自由市场理论介绍给中国。他觉得幸运的是，安排的访问行程让他们能四处旅游，更重要的是，他们能透过翻译和上自领导阶层下至贩夫走卒的中国人民谈话。弗里德曼自认不是中国专家，但有一个独一无二的机会实地评述长久宣扬的理论，那就是自由市场的措施在推动繁荣及自由方面的功效。

在1980年第一次访问中国时，中国的改革开放才刚刚起步，但有些结果已开始显现，比较重要的是，它提供了评估未来发展的基础。在1988年第二次访问中国时，弗里德曼觉得那大概是中国最有希望的时段，他重新审视这两次访问时所做的纪录，让人省悟到中国在1980—1988年的变化是多么剧烈。虽然大部分的经济还是直接由政府控制，但有限度开放的经济自由还是改变了中国的面貌，弗里德曼认为这极大增强了他对自由市场威力的信心。

1988年的中国，不再是那1980年让弗里德曼印象深刻又沮丧的死气沉沉、服饰呆板、肮脏又陈腐的地方，在街道上，人们衣服的色彩及样式变化，正好呼应了空气中传递的希望及期待，也是经济得到迅速发展的明显标志。邓小平早期的改革主要影响到农业，在农业产出及释放人力到乡镇企业方面都有显著的成果。1988 年，改革虽对国有企业还没有显著的影响，但已开始影响到城市。

1980 年，小幅度的自由市场绝大部分都在食品方面；1988 年，除了食品外，衣服及日常用品等方面都出现了自由市场的效果。在上海，有一家批发市场销售纽扣给生产成衣的小型私人企业。同样地，许多村庄的收入由全部仰仗农业，转变到大部分依赖当地的小型制造业。知识分子也开放了，演讲会上讨论范围较广，不过人们自由讲话的意愿还是不高。有位弗里德曼于 1980 年在上海认识、后来有联络的教授，在 1988 年不愿意到弗里德曼住的旅馆房间碰面，因为他认为房间内有窃听器。不过，总体来说，弗里德曼认为比起 1980 年，中国还是有显著的进步。

1993 年，当弗里德曼第三次访问中国时，中国经济再度蓬勃发展。

1980 年，弗里德曼第一次访问中国是由中美学术交流会主导的。1980 年 9 月 22 日，他到达北京，10 月 12 日由广州经新加坡返回美国，为期 3 周，在这其间还到了长春、上海、桂林。弗里德曼对这次访问做了摘要：就知识气氛来说，弗里德曼确实惊讶于中国求知气氛的开放，发问范围的广泛，以及中国人民愿意提出并接受对自己的批评。

最值得一提的是，弗里德曼第二次中国行是与当时的总书记赵紫阳对谈，对话时间长达两小时（赵紫阳见访客的时间约为半小时），而且会谈结束后，赵紫阳亲自送弗里德曼出来并允许拍照。弗里德曼觉得会谈本身很有意义，弗里德曼一直相信，经济学的概念是与生俱来的，不是学来的，许多极聪明甚至受过训练的专业经济学家，虽然懂经济学，但无法体会其中奥秘；而有些没有受过什么经济学教育的人，反而对它很有概念，能得其精髓。赵紫阳给弗里德曼的印象就属于后者。赵紫阳对经济情势、市场运作的了解，在弗里德曼看来十分深入和广泛。

赵紫阳先将他所看到的中国经济情势、面临的问题以及他想要采取的解决方法，以条理分明、简单易懂的方式加以说明。他说的重要之处是："我们国家的经济运行机制是，国家调控市场，市场引导企业。"弗里德曼提出疑问："国家是由上到下组成的，市场是由下面开始运作的，这两套系统如何相提并论呢？"

弗里德曼他们在上海会见江泽民时，以及5年后江泽民接替赵紫阳，他们在北京再见到他时，也听到了类似的说法（虽然其中有较大的差异）。弗里德曼认为，赵紫阳接下来的谈话，以及他响应弗里德曼的话都显示出，他真正了解开放市场的意义何在。

弗里德曼认为，赵紫阳是真的相信妥善利用市场机制可以促进经济增长。增加权力和保证社会稳定，不是要细密地控制经济发展，而是要促进人民的福祉及繁荣。弗里德曼绝不怀疑他的诚意。

弗里德曼后来发现他们会谈之所以特别的部分原因，是赵紫阳陷入严重的困境中。赵紫阳是经济改革8年来解除价格管制最主要的拥护者，也对经济扩展方案给予热烈支持。当央行为了应对扩展，发行过多货币，从而导致通货膨胀后，赵紫阳受到指责并被严厉批判在市场改革走过了头，因为市场改革应该降低而不是增加通货膨胀压力。弗里德曼和赵紫阳的对谈细节也可由一路陪伴弗里德曼做 1988 年中国行，在场陪弗里德曼与赵紫阳对谈的张五常教授的评述得到印证。

张五常在 1988 年 10 月 12 日发表的《大同小异——评赵紫阳与佛利民（弗里德曼）的历史性会谈》，将两人的言论水平评为大同小异，而赵紫阳只中学毕业，弗里德曼是名满全球的大教授和诺贝尔经济学奖得主，弗里德曼说赵紫阳不但懂经济，而且有深度。张五常在 1989 年 1 月 26 日发表的《赵紫阳与佛利民（弗里德曼）的对话》一文中，透露出弗里德曼夫妇见过赵紫阳之后返美，就联名写了一封他们 10 多年来没有写过的“圣诞信”，寄给亲友。那封信很长，其中大部分是关于中国之行。信中对赵紫阳的评述是这样的：“对这个带领中国较多依靠市场运作的人及其智慧，我们有极为良好的印象。他对经济问题有很深入的认识，而且有决心扩大市场的范围，愿意学习，能虚心地聆听他人的建议和意见。”

1993 年，弗里德曼第三次到访中国时，又感受到了中国的蓬勃发展。

第六章

弗里德曼现象

他不是中国人，没有欠中国什么；他早已名扬四海，对声名厌恶，不可能跨越千山万水到中国来求名；他的时间一刻千金，曾出版过美国全年最畅销的非小说图书，所以也不可能到中国来求利。那是为什么？答案只有一个：他对中国有点真诚的关心。

绝不寻常的“弗里德曼现象”

2006年，华尔街电讯董事长、1999年诺贝尔经济学奖得主蒙代尔（Robert Mundell），对全球著名学府279位经济学教授（含4位诺贝尔经济学奖得主）进行书面调查，评选出中国十大最具影响力经济学家，张五常位列首位。张五常熟识弗里德曼20多年，他虽然不是弗里德曼的学生，但熟读过弗里德曼的著作、听过弗里德曼的课、做过弗里德曼的同事、跟弗里德曼辩论过很多次、知道弗里德曼为人的风度，对弗里德曼表示衷心佩服。张五常自认是个没偶像的人，但其治学态度却以弗里德曼为典范，知道弗里德曼举足轻重的地位。

张五常表示，弗里德曼最吸引他的是那种思想奔放、言行一致的气节。他认为，自亚当·斯密之后200多年来，没有一个维护私人利益与自由的学者比弗里德曼更具广泛的吸引力。他在1988年陪弗里德曼访问中国、畅游中国，并且陪弗里德曼与赵紫阳对谈，在兴奋和疲劳交替中，得到另一种情怀，写了好几篇有感而发的文章描述弗里德曼，本章就以其中三篇作为“弗里德曼现象”的内容。张五常在1988年6月15日发表的《弗里德曼现象》这篇文章，描述他对亦师亦友的弗里德曼的观察。他写道：

从吸引广大民众那方面看，学术界中从来没有出现过像弗里德曼那样的人。昔日的爱因斯坦，是个传奇人物，也很受一般民众欢迎。但他的理论深不可测，而演讲的口才、技巧也没有过人之处，其吸引力就打了折扣。英国的经济学者凯恩斯，在世时天资聪颖，才华洋溢而口才锋利，是个大热门的人物。但凯恩斯在世时的广泛吸引力，仍不及弗里德曼。

张五常说："这是一个弗里德曼现象，是应该要予以解释的现象。"张五常认为，弗里德曼的经济观点颇具争议性，但这不可能是他成为一个现象的原因。任何创见都有争议，而创见层出不穷的学者又何止弗里德曼。那么，弗里德曼那种近乎神话的知名度从何而来呢？为什么愿意付高价去听他一席话的人那么多？就是大名鼎鼎的政客也没有弗里德曼的吸引力，而弗里德曼毕竟只是一个忠于学术的学者。

"弗里德曼现象"很不寻常，张五常说他认识弗里德曼 20 多年，从来没见过弗里德曼哗众取宠。弗里德曼辩论时从来不生气，笑口常开。在书写文字上，弗里德曼算不上是天才（斯蒂格勒曾告诉张五常，弗里德曼曾痛下苦功才写出后来那些畅顺的文章）。对媒体界，弗里德曼大都避开。好朋友要求用他的名字做一些有意义的宣传，他也照例推却。在这方面，张五常却成功过一次。那是 1979 年，张五常要找一些知名度高的经济学者联名给香港的《信报》一封电报，恭贺该报的周年报庆，弗里德曼竟然答应了。张五常感慨地说："要求名的，求之不得；对声名厌恶的，却没有办法阻止名气的直线上升！"

1985 年，一位北京大学的学生给张五常写了一封长信，信内提到他每天不断自修英语，为的就是要阅读弗里德曼的文章。

后来，张五常在中国与新交朋友的倾谈中，发觉他们十之六七都听过弗里德曼这个人。1960 年年底，弗里德曼在美国的午餐宴会上简短地讲一些话就有 5 000 美元酬金，而愿意出价的机构却数之不尽。

张五常表示，弗里德曼并不重视金钱的收入，但却尊重以市价这个准则来获取他的时间。张五常说弗里德曼不重视金钱的收入，是有证据的：弗里德曼去阅读别人的文章或坐听他人的演讲的时间，远超于张五常花的时间。时间的市场价格是那么高而他还那样做，这虽难以解释，但却解释了为什么弗里德曼推却了那么多能赚钱的机会。例如，即使是像张五常那样相对无足轻重的学者每次到哪一个地方演讲，弗里德曼若身在当地，必定是张五常的座上客，从不迟到，也不早退。

张五常说，不要以为张五常有什么特别之处。1988 年 9 月，弗里德曼打算到上海去，请张五常安排行程。张五常计划在该年 9 月 14 日带弗里德曼到苏州、无锡一带观光。弗里德曼回信说，那一天香港的祈连活在上海演讲，可否将行程改迟一天。弗里德曼明知迟一天就要赶路，舟车劳顿，但为了要听祈连活演讲，他就连苏州行程也推后了。当时，弗里德曼早已退休，再不打算发表什么伟论创见，但为了要争取知识，游览之乐就不顾了。张五常感叹说：“这一点能耐，我们怎能不佩服呢？”

张五常又说，也不要以为祈连活有什么特别之处。香港的杨怀康寄给弗里德曼一篇自己也认为是平平无奇的文章，弗里德曼读后居然亲自回信。在 1980 年到中国时，哪一位干部款待过弗里德曼，弗里德曼就做下笔记，8 年后的 1988 年，弗里德曼还记得很清楚。弗里德曼是不喜欢应酬和参加宴会的，但一到了宴会上，就谈笑风生，有问必答，令人倾倒。是的，张五常下断语："弗里德曼充满了好奇心，对知识的追求数十年如一日，愿意付出很大的代价。"

1988 年 9 月到中国后，弗里德曼转赴香港做一星期的访问。听到这个消息，香港的仰慕者就争着要招待了。香港中文大学在 25 周年校庆时，请弗里德曼演讲，弗里德曼欣然允诺。香港中文大学将这难得的机会慎重安排，礼待贤能，大有古人之风。

当时张五常所在的香港大学那边，没有什么校庆理由，也没有像香港中文大学邵逸夫堂那样可以容纳 1 000 多名听众的大堂。于是，张五常和祈连活、王于渐（他们在不久前开办了一个很有意义的经济研究中心，希望弗里德曼捧捧场）征求了弗里德曼的同意后，就租用香港演艺学院的一个设备一流的大堂，在 9 月 24 日让弗里德曼做一次收费的演讲。弗里德曼的著名格言是"天下没有白吃的午餐"，而以收费决定谁可进场，是自由市场的基本原则。于是，张五常做这样的决定：除了弗里德曼太太外，任何听众（包括张五常在内）都要买票。弗里德曼也同意把票房的收入全部捐作鼓励经济研究的基金，由香港大学的经济学系和王于渐的经济研究中心管核。

张五常不敢低估弗里德曼的吸引力，把票价订在 200 ~ 1 000 港币。那应该是亚洲一带的最高纪录了。弗里德曼果然名不虚传。广告尚未注销，门票就卖了 400 多张。捐助 20 000 港币或以上的可以作为“赞助者”，当时就有10多个机构“赞助”。张五常赞说：“识英雄、重英雄——香港商人的确有一手！”

3个不同的观感

张五常认为，既然是一个现象，弗里德曼当然有一点神秘感和给人高深莫测的感觉。但从3个不同的角度看弗里德曼，其观感也就不同。

第一个角度是从弗里德曼的同事和亲近的学生那方面看。这些人知道弗里德曼精通数学、统计学、历史及经济原理。就所有与经济学有关的学问而言，他都是“大师级”。历史上只出过三个这样的人：费雪、凯恩斯、弗里德曼。从这第一角度也可见，弗里德曼的思考速度快如闪电，论事客观，口才好得出奇，于是他们的敬畏之心油然而生。

张五常强调，弗里德曼的思考速度快得离谱，且清楚至极！就算辩论时自己错了，但因为推理层次分明，行雷闪电之间，脸带笑容，毫不霸道，跟弗里德曼辩论的人追不上，以为自己是一败涂地，他们要过几天才知道论点还大可商榷。一些人不习惯见到弗里德曼在笑谈中，轻描淡写地予取予求的本领，一开口就被逼下马，不免怀恨在心。张五常曾经和一些与弗里德曼相熟的朋友谈论弗里德曼辩论的本领，大家一致认为：如不亲见就不会相信。斯蒂格勒的思考速度也快得惊人，是弗里德曼多年的最佳搭档，他对弗里德曼的评论是：弗里德曼的思考速度比常人快了几十倍，清楚得无以复加；唯一的缺点是，因为太快，说服力就打了折扣。

第二个角度是从不认识弗里德曼的经济学者那方面看。在这些人之中，有深入地阅读过弗里德曼文章的人，莫不衷心佩服。但因为没有见识过弗里德曼的辩才，他们是敬而不畏。1948—1957 年这 9 年，弗里德曼的经济学著作成绩辉煌，见解精辟，就是不同意的人也拍案叫绝。的确，弗里德曼在这个时期的文章锋芒毕露，只有带着成见的人才不佩服。

张五常在 1961 年开始钻研弗里德曼那些较早期的作品，夙夜匪懈，被弗里德曼的分析深深吸引。虽然张五常曾找出弗里德曼的错误，也有不同意的地方，但总觉得非再三读之不可。1962 年，张五常在灰色（不合法）市场上买到了一份由弗里德曼的学生粗制的关于价格理论的笔记讲义，便天天放在衣袋中，翻阅得纸张都破烂了。张五常现在用中文写经济分析的理论基础，其中重要的一部分就是从那本粗制的讲义中得来的。

张五常认为不幸的是，有不少经济学者（或学生）并不怎么重视弗里德曼在这个时期的作品。1958 年之后，弗里德曼的文章转向货币政策及抨击政府。有关政策的文章都带有价值观，见仁见智，不同意的人就不一定佩服了。

第三个角度是从行外的大众看。弗里德曼是一个传奇人物，在《新闻周刊》写过好几年专栏，出版过几本通俗的书（其中的《自由选择》曾经是美国全年最畅销的“非小说”的书），获过诺贝尔奖，在电视上亮过相，而媒体又喜欢将弗里德曼大书特书。

这一切，加上弗里德曼的“自由”观点清楚鲜明，就给人一个深刻的印象。

弗里德曼这种黑白分明的印象，欣赏的人固然多若天上星，但破口大骂的人倒也有不少。欣赏的人认为弗里德曼是自由的象征，是维护个人利益的救世主；破口大骂的人认为弗里德曼反对社会福利，是一个空想主义者，没有真正的学问本领。殊不知弗里德曼在学问上的千锤百炼，经济学界的高手是没有一个不拜服的。

不变节谈何容易

1988 年，张五常在百忙中，知道弗里德曼要到大陆，还要到香港，而且这可能是弗里德曼最后一次到这一带的行程，张五常乃不能自已，要千方百计地使弗里德曼有一个愉快的旅程。祈连活、王于渐等人也有同样的感受。那是为什么？为什么他们要这样隆重其事？有好几个在学术上与弗里德曼不相伯仲的经济学者也可能会到香港来，张五常说他当然会尽地主之谊，但绝不会为他们东奔西跑的。

张五常表示不能代表其他人说他们心中的话，但他自己的感受却很清楚。弗里德曼 40 多年来言行一致，坚守自己从研究中得到的信念，半句假话也不说。当然，这些是学者应有的风范，而张五常自己也尽可能那样做，但做起来就不容易了。有了大名且还能坚守自己所信，在任何情形下不变节、不为利诱、不惧权势、不讨好、不妥协，凡事以逻辑为据，观点鲜明，这在经济学界是应该以弗里德曼为代表的。张五常认为其他不像经济学家那样涉及权势的学者，守节便容易得多。弗里德曼之所以成为一个“现象”，绝不是偶然的。

张五常说：“比起来，我自己的知名度相差太远，也觉得难以坚持一个学者应有的气质。外人看来似乎简单易为，但有多少个学者能真正做到？寂寂无名的人也行之不易，更何况一个因举足轻重而拥有大量图利机会的学者？但弗里德曼是若无其事地做到了！不同意他的价值观的人，怎可以将他破口大骂？这些人真的是不知羞耻为何物了。”

整整半个世纪，在自由选择对抗政府管制的可歌可泣的那场大战中，弗里德曼带头领军打了一仗。虽然他认为自己毫无影响力，但到20世纪80年代末尘埃渐定，弗里德曼胜得光彩！美国前总统里根门下的谋士受了他的影响，在8年中坚定地推行自由经济；英国的撒切尔夫人从来不否认她是一个弗里德曼的信徒；法国的前总统拿着左旗向右走；苏联及东欧“走资若渴”；而中国的改革开放更是惊人。张五常认为，这一切，将来的历史学者是不会忽略弗里德曼的影响力的。

假若我们说20世纪的前三分之二是凯恩斯和马克思的世界，那么我们可以说20世纪的后三分之一是属于弗里德曼的！而在弗里德曼的世界中，人民的生活是大有改进了。

张五常指出，信息传播的发达使应该成名的学者比较容易成名。因此，我们难以将弗里德曼的知名度及吸引力与古人相比。假若我们一定要这样分高下，以武断的方法来衡量，那么在历史上可以考虑的就只有几个人。在中国历史上的学者、文学家中，可以拿出来较量的，张五常认为只有苏东坡。20世纪80年代，张五常为了做经济调查研究，常常往返于大陆和香港，他发觉苏东坡真是可爱至极：苏东坡在900年前所到之处——现在纪念他的那些遗址虽然可能真中有假，但总是被当地居民津津乐道。

张五常认为，苏东坡与弗里德曼的相通之处是言行一致、始终如一。他们令民众有深刻印象的好形象，而且是一个屹立不变的形象。张五常认为，这就是弗里德曼现象！

张五常眼中的弗里德曼

1988年9月24日晚，弗里德曼在香港演艺学院的歌剧院演讲，由张五常向听众引介弗里德曼。他是这样说的：

20年前，芝加哥大学的助理教授都像生活在爱丽丝的世界中，他们要越跑越快才能站在原来的地方。作为其中一人，我当时照例工作至深夜。

一天，已是凌晨，我带着疲惫之身躺在床上，无意间见到隔壁大厦的顶楼上有一个房间的灯还在亮着。此后，在很多个深夜我都见到过这孤寂的灯光。后来，我知道那灯光是从弗里德曼的书房里透出来的，我不明白为什么一个像超级明星的教授竟然会比一个寂寂无名的新入行的人还用功。

对了，在半个世纪中，这个人求知若渴，不获得答案誓不甘休，而一定是因为这种毫不松懈的精神与天才的结合，才造成了我们今天晚上要为之致敬的弗里德曼现象。

弗里德曼维护民营企业与个人自由的形象，在我们之间，早已有口皆碑，而这个形象已传播到世界上的各个角落。我认为一个学院的教授能有这样惊人的感染力，主要的原因可不是他曾经写过大众化的文章，而是弗里德曼的学术著作也有一种很特别的本质。

我没有资格评论弗里德曼在初出道时对统计学所做出过的贡献，但当我在1962年初读到他的《消费函数理论》时，我仿如触电，惊觉到经济学是一门以事实论证的科学。这本书是理论与事实结合的神来之笔，追随着亨利·舒尔茨与欧文·费雪的伟大传统，而又创造了一个新的科学研究的高水平境界。如果稍微夸张一点的话，我们可以说，假若没有像这篇在1957年发表的论文这样的著作，经济学可能不会在1969年被选为足以颁发诺贝尔奖的科学。

一个人能例行公事地超越传统的智慧来开发新的辩论，应该是上苍特别赐予的才能吧。以下几个例子可以说明这一点：

一篇在1953年发表的关于《实证经济学》的文章，触发了一个持续了10年的方法论的辩论。到了今天，大学一年级经济学的第一课，教授们都爱讲述可以被推翻的假说的意义了。

1949年所发表的《马歇尔需求曲线》，原是一篇关于经济思想史的文章，但却启发了经济学者，使其对一般均衡理论有较深入的认识，也带来了无数的关于榨取消费者盈余的价格行为的研究。

一些关于供给的课堂讲义，不仅让我们更清楚地理解成本的概念，甚至使“追求利润”这个假设也失去了意义。

1953年发表的阐释浮动汇率的文章，间接地促成了20年后布雷顿森林制度的崩溃。

今天，工商管理学院对它们比较新的而又在市场上大有价值的财务学感到很骄傲。但假若没有弗里德曼在1948年与萨维奇合著的《风险选择的功用分析》，这门财务学恐怕不会创立吧。

1968年所发表的《自然失业率》成为近十多年来“理性预期”理论的中流砥柱，并造就了总体经济学的勇敢新世界。

当然，1956年的《货币数量学说的重述》是货币理论“反革命”的基本文献，而这个冲击，到下一个世纪还会有影响。

弗里德曼自己曾经说过：一个理论的功用是不能以对或错来衡量的，理论只能以它解释现象的能力来衡量。同样，要是我们评论弗里德曼的观点是对还是错，或其思想是否是创新，那实在是贬低了他对经济学的贡献。他的真正贡献是启发和开导，他的思想是火花和电击。他不征求我们的同意，却迫使我们一想再想那些一向认为是老生常谈而不必费心的事。因此，弗里德曼的著作永远都要比他文字所能表达的意义大得多，凡是他接触过的题材，我们就要转到不同的光下看。

我们或者可以说，马歇尔是一个较伟大的理论天才，或说李嘉图是一个惊人的模型建造者，或说斯密是一个较有深度的哲学家。但说到挑战与更改一个成见的本领，弗里德曼却是无出其右的。这一点，我认为是这个人的“斤两”所在。

他对墨守成规的思想改变竟有如斯巨力，就是街上的人也避不了他的感染。好几次，弗里德曼对我说，他对政府的经济政策半点影响力也没有。他是太客气了。从美国到英国到法国到新西兰到日本到中国——他的自由观点使钟鼓齐鸣。假若我们要说，20世纪开头的三分之二是马克思及凯恩斯的世界，那么我们也可以说后来的三分之一是属于弗里德曼的。

让我将个人的赏心乐事与大家分享：近几年来，在香港的我收到很多大陆青年的信，这些青年都表明他们对弗里德曼的思想有所认识。假若这真的是中国知识分子的思想倾向，那么在1997年香港回归后，中国肯定会发展得越来越好。

如下的事情可能是人类命运的写照：毛泽东只需3个月就将中国所有的农村改为人民公社；像弗里德曼那样才高八斗的经济学者，加上他无数学生与同事的协助，竟然需要30年才能改变一个信念——而且这个信念仅是基于空泛之辞。

这个长久等待的代价，虽然巨大至极，但可能还是值得的。这是因为一个等了很久才冒出来的真理，有屹立不倒的能耐。这正如弗里德曼和他太太在《自由选择》中所说："假若一个人一夜之间被说服——或在十个一小时的晚上被说服——他不是真正被说服的。他可能在另一个晚上，被一个观点相反的人改变了。唯一能说服你的人是你自己。你空闲时必须将问题放在脑子里转来转去，考虑到很多论点，让它们慢慢地蒸煮，经过一段长时间之后，才将你要选择的确定下来。"

是的，我们相信弗里德曼，不是因为他要我们相信（他从来没有提出这个要求），也不是因为他不断地阐释（他的确是这样做的），而是因为时间与经验教训了我们，使我们觉得他的观点是对的。

我有好些中国朋友曾墨守成规地背诵马克思的格言。现在，这些朋友对弗里德曼的观点也开始辩论了。中国的希望——我们有理由相信这希望——是这样的辩论能继续下去。

弗里德曼夫妇的背影

张五常教授在1988年11月16日写了《背影》这篇文章，生动地描述了弗里德曼和罗斯平易近人的非常温暖的一面，很值得全文重述。张五常是这样写的：

4年前听说他心脏病复发，动了第二次的手术后，我就想到美国去看看他。两年多前，我在旧金山做一次关于中国经济改革的演讲，赫然见到他精神奕奕地坐在面前，不禁喜出望外，几乎连演讲词也忘记了。后来在酒会上把酒言欢，谈话中他关心中国，我却关心他的健康。

今年年初，知道他——弗里德曼——要在9月到大陆一行，也顺道要来香港，便迫不及待地给他一个电话，问有什么要我帮忙的。他说："我答应了人家要在上海讲一些话，此外其他一切，由你安排好了。"从那一天起，我就替他安排根本上难以照办的事宜，按照他本人的意思，尽量减少应酬，但到后来，应酬还是减少不了。

记得8年前，他太太的哥哥亚伦·戴雷科特对我的一个朋友说，假若我能亲自办一次中国之行，亲自介绍中国的情况，他也希望能参与此行。亚伦是芝加哥经济学派的首要人物，对我的影响很大，我怎会忘记他所说的呢？于是，3个月前，行程大致上安排好了，我打电话给亚伦，问他可否一起到中国去。回答说："我老了（85岁），眼睛不行（近于失明），还能到什么地方去呢？但米尔顿（弗里德曼）老当益壮，智力不减当年，他到中国后，回来可以把见闻告诉我嘛。”弗里德曼已76岁，还是智力超凡，但比起20多年前我所认识的他，不可同日而语。

我是在9月11日赶到上海的。在希尔顿酒店放下行李后，找到弗里德曼的房间号码，接通了电话，他说：“史蒂文，你马上到我房间来，替我安排一个女孩子的事。”我跑到他的房间去，罗斯（他的太太）赤脚相迎，他乡遇故知，人生乐事也。房内这时坐着一个不知从哪里来的中国女孩子，年纪20岁出头。弗里德曼说：“她要听我明天的演讲，但没有入场证，你有办法替她安排一下吗？”我打趣地答道：“占美（会议的主事人）给了我安排大权，你不用担心！”

我在与那位年轻小姐交谈之后，知道她是厦门大学的学生，正在翻译弗里德曼的作品。她拿着仅有的一百多元人民币，勇气十足地只身从厦门搭火车到上海来。这样有上进心的青年，是中国的希望，我怎可以漠视呢？于是，在会议时我安排了她坐在第一行的正中座位，替她与弗里德曼一起拍了照，也坚持让她接受我给她回家的旅费。后来。弗里德曼在复旦大学，遇到不少同样在学问上求知若渴的青年，而我在社会科学院的两天讲话期间，所遇到的青年也是如此。难怪弗里德曼说，中国的青年是中国未来的希望了。很不幸，其后在北京，他和我遇到的两位从政的青年却老气横秋，毫无礼貌，说话没有分寸，不知天高地厚。弗里德曼和我于是有所感叹：同样是青年，只要一接近权势，受到“权力”的垂青，就变得那样不成气候。

因为我要在上海社会科学院进行10多个小时的产权理论的讲述，在上海时我与弗里德曼见面较少。但从9月15日早上到29日他离开香港前，我们畅谈的机会远超过20年前在芝加哥时——虽然那时他的办公室在我的隔壁。

从上海到南京的3天旅程，是由一位马小姐领路和招呼的。旅伴还有两位与我同来的香港朋友。苏州等地方也派来了介绍地方情况的人。一行3辆汽车中，我和弗里德曼及罗斯同车，讨论中国的经济改革问题就在这个时候开始，日夕不断。

离开上海的前夕，在汪前市长宴请的聚会中，我接到了北京朋友经香港转来的一个电话口讯，说他们希望弗里德曼在北京会见赵总书记时，能提交一份写好的建议书。虽然弗里德曼与我都知道书生之见无足轻重，但恐怕面谈时讲述得不够清楚，翻译也可能出错，所以就决定执笔了。此后一连数夜，弗里德曼在睡前起稿，日间在汽车上读给我听，我做了点反应，隔一天他又读出新稿的内容。本来是赏心乐事的旅游，也打算多看点路上的风光，到后来还是被中国的经济改革问题占了他绝大部分的时间。

从上海乘汽车到苏州，约莫两小时。抵苏州近郊的昆山后，我们跟那里的主事人谈乡镇企业的发展。吃罢午餐，就去参观当地的一间电子工厂和工人的俱乐部。弗里德曼很欣赏该县的成绩：在8年间居民的实质收入增加了两倍半，总收入中由90%以上是农产品变为90%是非农产品。他也很欣赏一些居民可以购买颇为不错的房子（每平方米大约300多元人民币）。但对居民不能到银行贷款买房子，工厂的工人不容易解雇，以及厂长的选择和解雇的准则等等问题，则大有质疑之处了。

9月15日下午到苏州，我们参观了有名的拙政园，与当地的官员晚宴，研讨了一些问题。其中不敢苟同的是：在座有些干部坚持中国报纸的报道不可能出错，而我们则认为先进如美国报纸的报道都常有错漏，中国的又怎会万无一失？争论的起因，是一位干部认为资本家解雇工人可以随心所欲。他举出不久前在报道上看到的一个例子。某中外合资的酒店解雇一名工人，理由是，这工人上班时不穿制服，而制服呢，酒店既不提供而在市场上又是买不到的。我们认为这故事不可靠：外资的经理人就是再蠢，也不会硬性地规定酒店工人要穿着当时无法得到的制服。

晚宴后，苏州的市长到弗里德曼的酒店房间座谈。我问了一个问题：从城市财政收益那方面看，你（苏州市长）认为市政府从企业承包合约中抽取利润的收入多，还是政府不管企业的行政，而以抽税的办法较好；即哪种办法，政府的收入较多？他的响应，是抽税对政府有利。我于是对弗里德曼说，看来地方政府是不会反对乡镇企业的私有化的。

在苏州，我们也参观了个体户经营的成衣市场，阵容着实不错。弗里德曼很高兴，认为中国的进步是明显的，比苏联及东欧的发展好得多。但他和罗斯对中国的真正改观，还是后来到深圳一行之后的事。虽然他明白深圳的惊人进度有赖于政府对它的特别宽容，间接地输了一点血，也更靠香港的协助，不过，他还是认为：像深圳那样的经济奇迹，是大有苗头的经济改革效果。我对他说：“温州、泉州、东莞、佛山等地区没有深圳的高楼大厦，基础建设也见不得人，但你会更欣赏那些地区的发展。”罗斯在旁听着，说：“我们开始明白你对中国的判断。”

从苏州到无锡很顺利，车行只不过一个多小时。在途中谈中国，下车买点红菱，时间很快地过去了。无锡街道清洁，给人的印象很好。弗里德曼与罗斯认为中午的餐宴是这次大陆行程中最值得欣赏的。在那家位于闹市、名为“中国”的酒家里，宴客的人显然隆重其事，主人与酒家方面的招呼都体贴入微，礼貌周到，食桌上所有的大小器皿清洁而精致，菜色既悦目也可口。

在午宴中，我们还是谈及乡镇企业的事。无锡一带是中国工业的一个重点发展区，宴请我们的人是管辖承包工业的主事人。在这里，政府与工商业之间多设一个管辖机构，本应无可厚非，但我想，这个机构如果只可以分利润，不可以抽税，而税制不改的话，那么，在管辖上多了一个由于分利而非要多管一下不可的非私营机构，工业的前途就不能太乐观了。

午餐后游太湖，弗里德曼还是和我谈论中国的经济问题，忽略了太湖的景色。但他在说，我在看。太湖果真名不虚传，岛屿萦回，水天一色，气象万千，使我想起王勃的《滕王阁序》，也想起范仲淹的《岳阳楼记》。友人简庆福在太湖所拍摄的千帆并发的大场面作品，我会找一帧送给弗里德曼的。

从太湖返宾馆的途中，我们参观了无锡街上的一个自由市场——凡与“自由”二字有关的，弗里德曼都要看看。那里的成衣市场跟苏州的差不多，但当他看到个体户的摊子上挂着一张牌照时，就追问这牌照是怎样得来的。所得的答案是：牌照难求。

申请要证明是失业呀，找不到工作呀，或搞人事关系，花一点钱等等，才能成事。后来在北京见到赵总书记时，也就提出了这个牌照的例子。

一位同行的朋友与弗里德曼相识了几天后，不觉有所感叹。他见弗里德曼平易近人，笑口常开，往哪里走都毫不介意，即使走在烂泥路上也若无其事，欣然而过；而罗斯用中国模式的厕所，竟然面不改色！诸如此类，夫妇俩从来不作怨言，又怎能不赞叹呢？一位世界上如此知名的学者，德高望重，多国的元首也曾倒屣相迎的，怎会这样平民化？招待我们的马小姐，知道任何事前的安排都可能出错，一路提心吊胆，但见到弗里德曼夫妇对任何情况都谈笑自若，携着手东闯西闯，像好奇的小孩子般左问右问，也就由担心而变得心悦诚服，对他俩产生了一种难以形容的尊敬。

我自己呢？对弗里德曼是敬佩的。正如后来在北京最后一晚的答谢宴上我所说的：他不是中国人，没有欠中国什么；他早已名扬四海，对声名厌恶，不可能从千山万水外到中国来求名；他的时间一刻千金，曾出版过美国全年最畅销的非小说的书，所以也不可能到中国来求利。那是为什么？答案只有一个：他对中国有点真诚的关心。

从无锡到南京，我们是坐火车去的。因为马小姐要买软席的车票，别无选择，只好坐早晨 7:06 那班车去。后来知道宾馆那个时刻不会有早餐供应，她慌忙在动身的前夕买了几罐橙汁。而罗斯则认为日间买到的香蕉大有用场，大家也就处之泰然。

17日6时起床，6时30分离开宾馆。进了火车站后，送行的朋友走了；而一位同来的朋友要回到上海飞香港，也道别了。于是，在车站上的铁轨旁，我们这时只剩下5个人：弗里德曼夫妇、马小姐、我和另一位香港朋友。行李不少，没有人协助，但还得走好几百码的路。火车还没有来，我们不知道该向哪里走才是上车的地方。马小姐懂得无锡话，紧张地向人左打听右打听，而我和香港的朋友当然是尽量地拿着行李。弗里德曼夫妇也抢着帮忙。我想，他动过两次心脏手术，是不应该让他操劳的。但他坚持分工合作，双手提着行李，向马小姐所指的方向走去。

车轨两旁的建筑物破旧不堪，使我想起抗战期间逃难时的情景。那时晨光微曦，只见车轨旁的站台上，三三两两地站着一些候车的旅客。雾相当大，但太阳的光还是穿雾而过。我拿着行李急行也赶不上弗里德曼夫妇，偶尔听到马小姐在后面的声音，在雾中淡淡的阳光下看到他夫妇的背影，那短短的身材仿佛变得越来越高了。一时间我想起少年时读过的那篇朱自清所写的好文章，不觉心酸起来。

经由张五常教授近身长期观察的引介和描述，一代自由经济大师弗里德曼仿如栩栩如生在眼前晃动，大师的风范令人心向往之！独一无二的“弗里德曼现象”炫人也！

第七章

20 世纪唯一的经济学家——永远的弗里德曼

经济学是一门迷人的学问。而最令人着迷的是，它的基本原理如此简单，只要一张纸就可以写完，而且任何人都可以了解，然而真正了解的人又何其稀少。

2002年弗里德曼90岁大寿前夕，媒体引述美国《时代》杂志总编辑波尔斯汀所说，弗里德曼是“20世纪唯一的一位经济学家”，因为他的见解几乎永远正确，而且其高见更是人所未见；他还是20世纪少数不按传统风格以对千千万万美国人和全人类利益为出发点的经济学家之一。

弗里德曼的成就，在20多年前就得到马克思学派学者的充分肯定。1989年马克思学派经济学家海伯纳曾在《纽约时报》撰文，开宗明义直言：“在正式开始后不到75年间，美国与苏联的竞争已告结束，美国已获得胜利。”而弗里德曼正是两位纯正资本主义的最重要倡导人之一，另一位是1974年诺贝尔经济学奖得主之一的哈耶克。

弗里德曼除了学术著作获肯定，而有崇高学术地位外，由于他也勤于做一般性演说和从事通俗文章写作，因而在社会上拥有高知名度，尤其是1980年他和夫人罗斯在美国公共电视台制作迷你电视节目后将脚本写成畅销书《自由选择》一事，更是使其知名度暴增。

坎坷难行的经济自由路

弗里德曼在1982年《资本主义与自由》重印的序言中写道：

过去四分之一世纪以来，思潮变化何其之大，我和太太合著的《自由选择》这本书，不但部分内容被《书摘》发表，也上了其封面，而其出版第一年，在美国就卖出40万本精装本，并已被译成12种语文，1981年该书则以平装本大量上市。有趣的是，该书与《资本主义与自由》中的基本哲理完全相同。先前那本书甚至更富哲理，而且也更为基本。

同样是自由经济哲理，1962年乏人问津（指《资本主义与自由》），1980年却洛阳纸贵（指《自由选择》）；而1964年高举自由经济大旗的戈德华特竞选总统惨败，1980年持相同主张的里根却大胜。这已印证自由经济复活，而且不仅仅英美大行自由经济政策，连中国、苏联及东欧国家从此也如骨牌似的倒向自由经济之路，迄21新世纪“全球化”热潮再起，似乎自由经济思潮已席卷全球。

但弗里德曼在1993年2月《资本主义与自由》中文第二次译本，特别为中国读者所写的序文中提出预警，他说：

政府干预的行为并未随观念的改变而同等变化。在美国和其他西方国家，政府的角色自20世纪60年代以来，非但没有减弱，且有增强之势，今天的政府花掉国民收入的一大部分，采取更多的管制，且更细腻地干预到个人的生活。美国和其他发达国家的例子显示，一旦透过市场机制赢得繁荣，常有强烈的倾向走向苏联那样的国家主义，维持市场机制的运作可能比导入市场机制来得困难。

或许就是有此顾虑，弗里德曼在1998年亚洲金融风暴掀起漫天风云、自由化受挫、政府管制再度抬头之际，以87岁高龄为文、演说，极力抵挡逆流，对香港由“自由经济堡垒”沉沦痛心疾首，甚至主张废掉IMF。而2008年下半年全球金融海啸来袭，自由经济和自由市场饱受责难，政府管制又大行其道，再次印证弗里德曼的远见卓识。

权力的致命吸引力

为何弗里德曼那么反对政府干预经济？这可能源于他对“权力致命吸引力”的领悟，“权力使人腐化，绝对的权力是绝对的腐化”是阿克顿公爵的名言，而弗里德曼在《资本主义与自由》一书的《导论》中说：“虽然支配权力的人，最初可能是出自善意，甚至起初也未因自己可以运作的权力而腐化，只是权力终将对人产生致命吸引力，终而将其改头换面。”多么传神的描述，也许就是有此深刻体悟，弗里德曼成名之后从不任公职，除担任过戈德华特、尼克松和里根的顾问外，从来不肯拿一文公家薪水。也因如此的清白，才一直理直气壮地高分贝提出诤言，而其言论也因而具有高度的国际公信力。

不要因为弗里德曼坚持信念、喜好辩论，就以为弗里德曼好勇斗狠、不近人情，他其实和蔼可亲且具悲天悯人的胸怀，是具备“温暖的心、冷静的脑”之典范。他虽然眼见世事似乎不尽如人意，但始终抱持乐观心境看待世人与世事。最令人敬佩和感动的是，他为世人福祉，不畏短期地被误解，勇敢地做他认为对市井小民有利的事。最显著的例子是，他曾帮智利皮诺切特军政府实施自由经济政策，却背上“为虎作伥”恶名，而让他获诺贝尔奖时，破纪录遭受严重抗议。

弗里德曼不计个人毁誉，仍然为真理勇往直前，抱持“虽千万人吾往矣”的纯真傻劲，不论是何种政府，只要肯听他的自由经济建言，他都乐于献策，完全不在乎被抹黑、丑化，而到头来也总证明他是对的。

这位可敬又可爱的学者，在1998年以近700页的篇幅，用他独特的写作方式和其夫人完成名为《两个幸运的人》的自传，使想一窥这两位拥有开放心灵的小巨人精彩一生的世人，有了一份珍贵的心灵飨宴。而《资本主义与自由》书中包括的12个课题，则是人类永远需严肃面对的问题，答案其实就在对简单自由经济观念的真实理解，但真正理解并不容易！

弗里德曼在1985年3月21日，应美国得州圣安东尼奥的三一大学之邀，讲述“我成为经济学者的演化之路”，讲词的结语说道：“……经济学是一门迷人的学问。而最令人着迷的是，它的基本原理如此简单，只要一张纸就可以写完，而且任何人都可以了解，然而真正了解的人又何其稀少。”不过，精读《资本主义与自由》一书却是最佳的参悟其精髓的快捷方式。

人道的关怀者

关于弗里德曼的学术成就和多彩多姿的一生，的确让世人怀念，而“天下没有白吃的午餐”“自由选择”“反对政府干预”等等脍炙人口的语词还是着重在经济层面，但它们所蕴含的“人道”却鲜少被提及。

当今世人对于资本主义、自由经济或市场经济的一般印象，似乎仍停留在其保卫资本家、剥削劳工，于是成为贫富悬殊的元凶上，尤其对比标榜“公平、正义”的社会主义，更使其给人以“冷血、无人道”的烙印。对照现实世界，似乎印证这样的感受，于是在实施所谓自由经济体制的民主国度里，就由政府出面以各式各样的强制性劳工法令、社会福利措施等来“扶贫济弱”。

姑且不论这些强制性手段都难免走向“爱之适足以害之”“到地狱之路往往是好意所铺成的”之终极的不幸道路，必须了解的是，现实世界从来没有真正实施过自由经济，有的只是几分相似而已。光由“乌托邦”这个称呼，就可以明白人们不相信“真正的自由经济”可以在人间实现，也因为缺乏信心，自由经济一直未有机会出现在凡间。

即使真正的自由经济未被采用，但由曾号称“自由经济堡垒”的香港的发展，以及20世纪80年代苏联阵营纷纷倒向“自由经济”，已印证即使不纯的自由经济也较能增进世人福祉。那么，若能让“纯自由经济”实现，人类岂不更幸福了吗?

真正的或纯正的自由经济是以“人具有诚信伦理”作为根本，不必有明文规定，人人信守承诺，不欺骗、不做假，在蓬勃、顺畅的市场交易下，让宝贵的地球资源做最有效率的使用，“分工合作”顺理成章，人人尽其所能，自助、人助、互助，以至于天助浑然天成。只是不知从何时起，“自私、贪婪”竟然遍布世间，强取豪夺成为普遍现象。即便如此，若无政府的强力撑腰、“善意”的纾困，在市场自由运作下，人民的力量在存亡危机时刻总会将坏人淘汰，并逼使作恶者付出代价，若不深切反省改进，就会落入万劫不复的境地。因为市场的主人是千千万万、无数的“个人”，他们在不断的学习、付费下，总会找到正路，寻回拥有诚信的自我。努力者出头，堕落者下沉，真正的公平和正义自然会来到。

弗里德曼的一生就一直在有系统地做这种阐述。他发现“市场导向的思考”比任何慈善事业（更别提社会救济）更人道，他甚至向友人表示“世界上有太多的慈善机构，这只会造成更大的财富累积，而这些财富却不能被投资到生产性事业中”。

弗里德曼在20世纪60年代提出“负收入税”替代社会救济，而2006年诺贝尔和平奖得主尤努斯的“微额贷款”则让穷人自力更生。两者异曲同工，基本观念就是“给最劣势的人一种尊严感，而不是接受施舍的卑贱感。”如此，劣势者在责任心的驱使下，创造出辉煌成绩，这不就是“人道”吗？

2006年11月17日中午，传来弗里德曼这位硕果仅存的自由经济大师于当天早上过世的消息，这并不太叫人哀惊，因为当时他已 94 岁，“佚我以老，息我以死”的自然规律，人人必得接受。但是当我得知此讯息时，心中仍不免一阵怅然，因为自由经济未能真正落实，大师的重大使命仍未了也！